Torstraße 94

ANDREAS ULRICH

TORSTRASSE 94

BERLINER ORTE

BEBRA VERLAG

Bibliografische Information der Deutschen Nationalbibliothek
Die Deutsche Nationalbibliothek verzeichnet diese Publikation
in der Deutschen Nationalbibliografie; detaillierte bibliografische
Daten sind im Internet über http://dnb.d-nb.de abrufbar.

4., erweiterte und überarbeitete Auflage
© be.bra verlag GmbH, Medien und Verwaltungs GmbH, Berlin 2023
Asternplatz 3, 12203 Berlin
post@bebraverlag.de
Lektorat: Ingrid Kirschey-Feix, Berlin
Umschlag und Titelfoto: Manja Hellpap, Berlin
Satz: typegerecht, Berlin
Schrift: Stempel Garamond 10/14 pt
Druck und Bindung: GGP Media GmbH, Pößneck
ISBN 978-3-8148-0277-0

www.bebraverlag.de

Inhalt

Die Ulrichs, die Müllers, die Meiers

Vorderhaus
1. Etage rechts

Meine Eltern haben uns Kinder damals nicht gefragt. Irgendwann hieß es: Wir ziehen um. Mich schickten sie in dieser Zeit zur Kur. Als ich zurück kam, wohnte ich plötzlich in einem Neubau, ein paar U-Bahnstationen entfernt. Vielleicht ist das der Grund, dass ich mich 1970 nicht richtig verabschieden konnte von der Torstraße 94, die damals noch Wilhelm-Pieck-Straße 94 hieß.

Daran hat sich wohl nichts geändert, Kinder werden auch heute nicht ernsthaft gefragt, ob sie umziehen möchten. Irgendwann haben sie dann neue Freunde, werden erwachsen, ziehen zu Hause aus und später selber immer wieder um. An das Haus der Kindheit bleiben ein paar Erinnerungen an Nachbarskinder, an Gerüche im Treppenhaus und an komische Erwachsene.

Bei uns im Seitenflügel lebte ein Schauspieler, der extrem gut nach Rasierwasser roch und den Kragen seiner Lederjacke stets lässig hochgeklappt trug. »Der ist vom anderen Ufer«, tuschelten die Erwachsenen im Haus. Für mich war klar, dass mit dem ›anderen Ufer‹ Westdeutschland gemeint war. Schließlich wusste jeder im Haus, dass Herr Merten von drüben kam. Offenbar gab es zwischen den beiden Deutschlands ein Gewässer, vielleicht ja einen großen See.

Von der anderen Uferseite hatte Herr Merten auch das Auto mitgebracht, das eines Tages auf unserem Hof stand, ein Modell der französischen Marke Simca. Wir Kinder drückten unsere

Nasen an die Autoscheibe und registrierten, dass die Zahlen auf dem Tacho bis 180 gingen. Wir waren beeindruckt. Schließlich endete die Tachonadel im Trabant bei 120.

Im Vorderhaus wohnte Doktor Ihde, der von Beruf Psychologe oder Psychiater war. Züschologe oder Züschata sagten die Erwachsenen und nannten Herrn Ihde der Einfachheit halber »Mackendoktor«. Unten im Haus gab es die Konditorei, die die besten Windbeutel in ganz Ostberlin machte, Kalorienbomben mit einer riesigen Portion Schlagsahne in der Mitte.

Diese Kindheitserinnerungen waren plötzlich wieder da, als ich vor ein paar Jahren zurück in die Gegend gezogen bin. Von meiner jetzigen Wohnung sind es nur ein paar Fußminuten zur Torstraße 94. Das Viertel rund um den Rosenthaler Platz in Berlin-Mitte gilt heute als »attraktive Wohngegend in Citylage« und touristischer Hotspot. Alle paar Tage werden neue Hostels, Galerien oder Boutiquen eröffnet, auf den Gehwegen schlängelt man sich durch Knäuel von Touristen. Im Supermarkt trifft man *Stern*-Chefredakteur Jörges, im Blumenladen Schauspieler Ben Becker. Wim Wenders wohnt um die Ecke, soll sogar einen eigenen Swimmingpool auf dem Dach haben, heißt es. Jeder Vierte, der in dieser Ecke von Berlin-Mitte wohnt, ist ein Ausländer, sagt die aktuelle Statistik. Vor allem Briten, Amerikaner und Australier kommen gerne hier her.

Wie überall in der Ostberliner Innenstadt sind in den letzten fünfundzwanzig Jahren nahezu alle früheren Bewohner weggezogen. Ich aber war nach Jahrzehnten wieder da und neugierig auf mein altes Haus. Ob von den Alten noch jemand da ist? Ich studierte die Namen am Klingelbrett neben der Haustür, entdeckte aber niemanden, den ich kannte.

Schließlich rief ich Frau Morgenstern an und die Dinge nahmen ihren Lauf.

DEUTSCHE DEMOKRATISCHE REPUBLIK

Hausbuch

PM 113a

Hausbuch
für das Wohngebäude

Berlin 54   Wilhelm-Pieck-Str.   94
(Ort)   (Straße oder Platz)   (Nr.)

Hinweise:

1. Einsicht in das Hausbuch ist nur nach Vorlage des Dienstausweises der Deutschen Volkspolizei, des Ausweises für Freiwillige Helfer der Deutschen Volkspolizei oder eines anderen staatlichen Ausweises, in dem der Inhaber zur Einsicht in das Hausbuch ermächtigt ist, zu gewähren.

2. Es wird empfohlen, die vom Ministerium des Innern herausgegebenen Erläuterungen zur Verordnung über das Meldewesen in das Hausbuch einzulegen.

3. Das Hausbuch enthält 64 Seiten.
   Von Seite 4–43 Eintragungen beim Beziehen bzw. Ausziehen aus einer Wohnung.
   Von Seite 44–61 Eintragungen für besuchsweisen Aufenthalt.

Gebühren-
marke

Das Hausbuch der Wilhelm-Pieck-Straße 94 aus den 60er-Jahren

Frau Morgenstern war in der Wilhelm-Pieck-Straße 94 unsere Nachbarin und, wie ich von meiner Mutter wusste, lebt sie seit ein paar Jahren in Pankow. Dort habe ich sie besucht und sofort erfahren, dass in unserem Haus tatsächlich niemand mehr wohnt aus der Zeit vor 1990, dass sie jedoch noch die alten Hausbücher besitzt. In diese Bücher hatte man sich zu DDR-Zeiten einzutragen, wenn man in ein Mietshaus zog. Name, Geburtsdatum, Geburtsort, Beruf, Ausweisnummer waren ebenso anzugeben wie die vorherige Anschrift. Selbst Besucher, die nur für einige Tage blieben, mussten sich anmelden.

Hausbuchverantwortliche waren in der Regel besonders staatstreue Zeitgenossen. Aber Frau Morgenstern war nie in der Partei, sondern einfache Näherin beim VEB Herrenmoden, wie sie sagt. Vielleicht haben die ihr vertraut, glaubt sie, weil sie schon so lange, seit 1957, in dem Haus lebte.

Eigentlich sollten die Hausbücher nach 1990 bei den Meldeämtern abgeliefert werden. Frau Morgenstern hat sich nicht darum geschert, sondern die Bücher behalten und mitgenommen, als sie 1997, nach vier Jahrzehnten, ausgezogen ist. Vier türkisfarbene A5-Hefte im Querformat, das komplette Mieterverzeichnis der Jahre 1953 bis 1989. Frau Morgenstern hat sie mir geschenkt und dazu gelacht: »Viel Spaß bei der Suche nach unseren Nachbarn.«

Was heißt Nachbarn? Ich wollte doch eigentlich nur wissen, was aus denen geworden war, die in meiner Kindheit bei uns im Haus gewohnt hatten. Mit den vier Heften aber hatte ich plötzlich eine Art »Stillen Portier« in den Händen. So nannte man die Holztafeln mit den Namen der Mieter, die es früher in jedem Berliner Hausflur gab.

In den Heften ist akribisch festgehalten, wer zu welcher Zeit in welcher Wohnung zu Hause war. Die Geschichten dahinter freilich sieht man nicht. Nach denen müsste man suchen und mit den Angaben aus den Hausbüchern sollte das für einen Journalisten eine machbare Aufgabe sein.

In der Regel kennt man vielleicht noch den unmittelbaren Vormieter. Aber wer weiß schon, wer vor Jahrzehnten in der eigenen Wohnung gelebt hat? Will man das überhaupt wissen?

Nein, man muss das alles nicht wissen wollen. Mich aber hatte die Neugierde gepackt.

Die Hausbücher von Frau Morgenstern ließen mich nicht mehr los, ich wollte möglichst viel über die Menschen erfahren, die über die Jahrzehnte in unserem Haus gewohnt hatten. Natürlich konnte ich nicht wissen, auf welche Geschichten ich dabei stoßen würde. Egal ob Agentin, Bankräuber, Model oder Parteisekretär vom Palast der Republik – es gibt einiges zu berichten von meinen Nachbarn.

Meine Nachbarn waren sie alle irgendwie, auch wenn wir zu unterschiedlichen Zeiten im selben Haus gewohnt haben – mit unterschiedlichen Adressen übrigens: Als das Haus gebaut wurde, lautete die Anschrift Lothringer Straße 63. 1951 wurde daraus die Wilhelm-Pieck-Straße 94, seit 1994 befinden wir uns in der Torstraße 94.

Das Gebäude selbst ist eher unspektakulär, erbaut Ende des 19. Jahrhunderts, vier Etagen, ein Seitenflügel, an der Fassade Rauputz, der vor ein paar Jahren ockergelb angestrichen wurde. Ein Haus wie tausend andere in Berlin.

Am 14. November 1960 sind wir, die Ulrichs, dort eingezogen, lese ich im Hausbuch. Der Buchhalter Karl-Heinz, die Hausfrau Helga und drei Kinder. Bald darauf kam ein viertes hinzu, meine kleine Schwester.

Mein Vater hatte Buchhalter in die Spalte »Ausgeübte Tätigkeit« geschrieben. Warum eigentlich? Vielleicht sollten sie im

Wilhelm-Pieck-Straße 94, 1984

Haus nicht wissen, dass er Regierungsbeamter war. Ich glaube, er arbeitete damals schon im »Amt für Preise«. Als Kind habe ich ihn ein paar Mal besucht in seinem Büro im Haus der Ministerien. Ein riesiger Nazibau, in dem einst Görings Luftfahrtministerium residierte, heute ist darin das Bundesfinanzministerium untergebracht. Zu DDR-Zeiten haben mein Vater und seine Kollegen dort die Preise festgelegt für alles, was es in der Republik zu kaufen gab. Vaters Schreibtisch war voller Akten- und Papierstapel, sich Preise für Dinge auszudenken, war offenbar furchtbar wichtig und anstrengend. Seitenweise schrieb er mit der Hand irgendwelche Preisberechnungen auf, die eine Sekretärin später auf ihrer Schreibmaschine abtippte. Während mein Vater angestrengt formulierte, rauchte er Zigarillos der Marke Bode Spitzen. Ich mochte den Duft in seinem Büro.

Als Erwachsener ahnte ich, dass er und seine Leute oft nur so taten, als würden sie angestrengt arbeiten. Einmal festgelegte Preise übernahmen sie einfach Jahr für Jahr, zum Beispiel 85 Pfennige für eine Bockwurst mit Brötchen, 4,65 Mark für die Zwölfer-Packung Eier oder 18 Mark für eine Dose Ananas. Später arbeitete auch Mutter im Amt für Preise. Als wir 1960 einzogen in die Wilhelm-Pieck-Straße war sie allerdings, wie im Hausbuch steht, tatsächlich »Hausfrau«. Manchmal fragen mich Freunde aus dem Westen: Wie Hausfrau? In der DDR? Und du warst auch nicht im Kindergarten? Tatsächlich, ich war nicht im Kindergarten. Auch meine Geschwister nicht. Meine Mutter managte die Familie, sie schmiss den Haushalt in der 140-Quadratmeter-Wohnung, putzte, heizte Öfen und wusch die Wäsche, was damals noch Handarbeit war. Deshalb drängte sie jede Woche im »Wohnungsamt des Rates des Stadtbezirks Berlin-Mitte« auf eine Neubauwohnung und 1970 war es dann so weit. Wir zogen um und meine Mutter musste nicht mehr heizen, hatte nur noch 75 Quadratmeter zu putzen, obendrein gingen wir vier Kinder inzwischen alle längst zur Schule, deshalb musste sie auch nicht mehr Hausfrau sein.

Die Zeiten haben sich geändert, niemand würde heute freiwillig aus unserer schönen Wohnung von damals ausziehen – allerdings sind inzwischen auch die Öfen verschwunden.

Es gab Parkett und an den Decken Stuck, große Flügeltüren mit verschnörkelten Messingklinken. Nach vorne zur Straße lagen das Schlafzimmer meiner Eltern und das Zimmer meiner beiden Schwestern. Zur Hofseite hatten mein Bruder und ich unser Reich. Unser Wohnzimmer, das »Berliner Zimmer«, verband das Vorderhaus mit dem Hinterhaus. Dort waren Bad, Küche, eine kleine Kammer und eine zweite Wohnungstür, die zum Treppenhaus im Seitenflügel führte. Einst hatten in dieser großen Wohnung die Hausbesitzer gelebt.

Für das Jahr 1960, in dem wir einzogen, verzeichnet das Hausbuch eine gewisse Fluktuation. »Unbekannt verzogen« hieß es dort, wenn wieder jemand in den Westen gegangen war. Die letzten unbekannt Verzogenen waren die Hemmeckes. Damals waren Willy und Elisabeth Hemmecke zunächst unsere Nachbarn, erste Etage links, so ist es nachzulesen. Ihr Verschwinden ist für den 12. August 1961 notiert. Die Hemmeckes waren am Abend vor dem Mauerbau zu Besuch bei Freunden im Westen. Als sie kurz nach Mitternacht zurückkamen, bemerkten sie, dass sich an der Grenze etwas zusammenbraute. Sie holten noch schnell ein paar Papiere von zu Hause und schlüpften im letzten Augenblick nach Westberlin. Eine Freundin der Hemmeckes hat mir die Geschichte erzählt. Inzwischen sind die beiden schon lange tot, ich konnte sie selbst also nicht mehr befragen.

Auch bei den Müllers scheiterte ich. Im Hausbuch hatte ich gelesen, dass im Oktober 1970 der Omnibusfahrer Rainer Müller und die Postbetriebsfacharbeiterin Dagmar Müller mit ihren vier Kindern, Frank, Petra, Simone und Nick als Nachmieter in unsere Wohnung gezogen waren.

Familien mit mehr als drei Kindern hießen »kinderreich«, was mir, nebenbei gesagt, total peinlich war. Unangenehmer war nur noch der rote Buchstabe F auf den Essensmarken für uns Kinderreiche. F stand für »Frei-Esser«. Wir waren Frei-Esser und in der Pause nach der zweiten Stunde, wenn der Viertelliter Milch ausgegeben wurde, auch noch Frei-Trinker! Ich wollte kein Frei-

Mit ganzer Kraft für unsere gute Politik

Erfüllte Pläne sind ein wichtiger Beitrag zur stabilen Entwicklung der DDR und zur Sicherung des Friedens

Berlin (ADN). Drei Tage vor den Kommunalwahlen trafen sich gestern führende Persönlichkeiten der DDR in Betrieben und Wohngebieten der Republik mit Bürgern zu weiteren vertrauensvollen Gesprächen:

Horst Dohlus, Mitglied des Politbüros und Sekretär des Zentralkomitees der SED, in Schwarzenberg; Joachim Herrmann, Mitglied des Politbüros und Sekretär des Zentralkomitees der SED, in Berlin; Dr. Ernst Mecklenburg, Vorsitzender der DBD und Stellvertreter des Vorsitzenden des Staatsrates, in Plöwen, Kreis Pasewalk; Armeegeneral Heinz Hoffmann, Mitglied des Politbüros des Zentralkomitees der SED und Minister für Nationale Verteidigung, in Fürstenwalde; Dr. Manfred Gerlach, Vorsitzender der LDPD und Stellvertreter des Vorsitzenden des Staatsrates, in Wusterhausen (Dosse), Kreis Kyritz; Armeegeneral Erich Mielke, Mitglied des Politbüros des Zentralkomitees

der SED und Minister für Staatssicherheit, in Zeitz; Günter Mittag, Mitglied des Politbüros und Sekretär des Zentralkomitees der SED, in Erfurt; Erich Mückenberger, Mitglied des Politbüros des Zentralkomitees der SED, in Schwerin; Ilse Thiele, Vorsitzende des DFD, in Oschatz; Werner Jarowinsky, Kandidat des Politbüros und Sekretär des Zentralkomitees der SED, in Großbreitenbach, Kreis Ilmenau; Margarete Müller, Kandidat des Politbüros des Zentralkomitees der SED, in Hohenzieritz, Kreis Neustrelitz; Dr. Heinz Fahrenkrog, Präsident des Verbandes der Konsumgenossenschaften der DDR, in Oschersleben; Werner Walde, Kandidat des Politbüros des Zentralkomitees der SED, in Senftenberg; Prof. Dr. Karl-Heinz Schulmeister, 1. Bundessekretär des Kulturbundes der DDR, in Oberlungwitz, Kreis Hohenstein-Ernstthal.

In den Gesprächen haben Bürger aller Klassen und Schichten ihren Willen bekundet, ihre ganze Kraft für

die Erhaltung und Festigung des Friedens und für die weitere stabile und dynamische Entwicklung der DDR zum Wohle des Volkes einzusetzen. Bei allen Begegnungen wurde das einmütige Bekenntnis deutlich, für die Kandidaten der Nationalen Front zu stimmen.

Fortsetzung Seite 2

Die Jugend bestimmt das Fließreihentempo

Im Berliner Glühlampenwerk sprach gestern Joachim Herrmann (im Bild mit dem Anlagenfahrer Erhardt Knoll) mit Werktätigen der automatisierten Maschinenfließreihen. In jeder Schicht werden hier von einem Kollektiv durchschnittlich 24 000 Allgebrauchslampen hergestellt.

13 Betriebsangehörige kandidieren für die Stadtbezirksversammlung Friedrichshain. Einer davon ist Meister Uwe Lemke. Der 23jährige erläuterte Joachim Herrmann während eines Rundganges, daß die Arbeitsproduktivität durch den Einsatz der hochproduktiven Technik auf 240 Prozent gestiegen ist. Der jüngste Meister des Betriebes verwies auf den Anteil der fünf Jugendbrigaden des Bereichs, die das Tempo im sozialistischen Wettbewerb mitbestimmen.

Joachim Herrmann sagte: „Die gesamte Wahlbewegung hat das Charak-

Joachim Herrmann im Berliner Glühlampenwerk

Die Initiative der Hausgemeinschaft, am 6. Mai 1984 bis spätestens 10 Uhr zur Kommunalwahl zu gehen, schaffte es auch in die BZ am Abend

Esser oder Frei-Trinker, sondern so sein wie die anderen. Das Wort »kinderreich« gilt inzwischen als politisch unkorrekt, weil es suggerieren könnte, dass es diese Familien nur aufs Kindergeld absehen würden und sich bereichern wollen. Deshalb heißt es heute offiziell und nicht weniger peinlich »Mehrkindfamilie«.

Wenn ich schon bei sprachlicher Geschichtsaufarbeitung bin – was die Frauen damals als Berufsbezeichnung bei uns im Hausbuch angaben, wäre heute undenkbar: In den 70er- und 80er-Jahren schrieben sie nur die männliche Form ihres Berufes ins Hausbuch, Modegestalter, Programminstrukteur, Textilfacharbeiter oder Exportbearbeiter. Weibliche Berufsbezeichnungen waren noch nicht üblich. Andererseits gab es seit Ende der 70er-Jahre keine »Hausfrau« mehr in unserem Haus, in der Wilhelm-Pieck-Straße 94 herrschte Vollbeschäftigung.

Ich habe unsere Nachmieter, die Müllers, nicht wieder gefunden. Es gibt in Deutschland einfach zu viele Menschen mit diesem Familiennamen. Nach den Müllers zogen die Meiers in unsere einstige Wohnung. Aktuell steht der Name Krause am Klingelschild. Es scheint, unsere Wohnung zieht Menschen mit Allerweltsnamen geradezu magisch an.

Krauses wollte ich unbedingt kennenlernen, schon um zu wissen, wie es in meiner Kindheits-Wohnung jetzt aussieht.

Erstmal aber blätterte ich im Hausbuch zurück in die Vergangenheit und hatte kurz darauf meine erste Verabredung.

Christa Kern (*1937)

1947–1953, Vorderhaus
1. Etage rechts

Ihr Teint sah nach Golfurlaub auf Teneriffa aus, das blonde Haar hatte sie straff zum Knoten gebunden und sich goldene Clips an die Ohrläppchen gesteckt. Dazu trug sie einen pinkfarbenen Blazer, eine helle Hose, flache italienische Schuhe und strahlte mich aus ihren blauen Augen unternehmungslustig an. Passanten blickten sich verstohlen nach der 77-Jährigen um; weil Christa Kern so klassisch elegant aussieht und niemand hier in Berlin-Mitte mit diesem Frauentyp rechnet – so durch und durch Zehlendorf. Zwar wohnten inzwischen auch wieder ein paar Alte hier in der Gegend, aber die waren meist der Typ pensionierte Studienrätin oder Verwaltungsbeamter aus NRW oder Bayern mit Vorliebe für praktische Garderobe und Frisur. Die Senioren, die jetzt hier in Mitte leben, hüten meist für ein paar Tage ihre Enkelkinder oder haben in der Gegend selbst eine Wohnung gekauft und kommen ursprünglich aus Bamberg oder Münster.

Christa Kern in ihrem gediegenen Outfit war anders und mit dem Golf spielen lag ich völlig richtig. Für das Treffen mit mir hatte sie extra ihre vormittägliche Runde auf dem Golfplatz am Wannsee ausfallen lassen.

In der Torstraße war sie das letzte Mal vor zehn Jahren, verriet sie mir gleich bei der Begrüßung und senkte dabei ein bisschen die Stimme: »Das ist ja auch Osten hier. Sieht man auch noch. Hier möchte ich nicht tot über'm Zaun hängen.« Ich überlegte, wo es hier in der Gegend noch nach »Osten« aussah. Unten in den beiden Läden hatten sich jetzt ein Copyshop und eine Galerie eingemietet. Allein auf dem kurzen Straßenabschnitt zwischen Rosenthaler und Rosa-Luxemburg-Platz gab es gefühlt hundert weitere Galerien, Bars und Boutiquen. Natürlich waren alle Häuser ringsherum saniert. Wenn Ostberlin irgendwo überhaupt nicht mehr »Osten« war, dann doch wohl hier, entlang der Torstraße. Die LINKE brachte es in der Gegend gerade noch auf magere zehn Prozent und in den Supermärkten hier herrschte schon lange nicht mehr freitags Riesenandrang, sondern am Sonnabend. Der Chef der Supermarktkette Kaiser's hat vor Jahren in einem Interview erklärt, dass die »Ossis« traditionell freitags ihren großen Wochenendeinkauf erledigen, die Westler dagegen am Samstag. Man könne am Tag des Wochenendeinkaufs erkennen, wo Ostberlin inzwischen zum Westen geworden sei. Beim EDEKA um die Ecke, am Teutoburger Platz, jedenfalls war es jetzt immer sonnabends voll.

Aber ich wollte mich mit Christa Kern nicht streiten. Es ging ja um etwas ganz anderes. Sie und ich hatten im selben Haus gewohnt, sogar in derselben Wohnung, sie allerdings ein paar Jahre vor mir. 1947 war sie als Zehnjährige mit ihrer Mutter, einer Köchin, eingezogen. Ihre alte Wohnung war zerbombt worden.

Obwohl wir uns noch nie begegnet waren, war da sofort eine Vertrautheit. Das Haus war unsere gemeinsame Geschichte. Auch später, bei den anderen Begegnungen, habe ich diese Vertrautheit immer wieder erlebt. Zum Beispiel kamen wir auf unsere Ängste zu sprechen. Bei ihr waren es die riesigen Geweihe, die überall in der Wohnung hingen. Gruselig war das, erinnerte sie sich, vor allem nachts. Der Hausbesitzer, der früher in den Räumen residiert hatte, war offenbar leidenschaftlicher Jäger. Nach dem Krieg lebte nur noch seine Witwe in der Wohnung und vermietete ein Zimmer an Christas Mutter unter. Als wir Ulrichs in den 60er-Jahren dort wohnten, waren die Geweihe längst verschwunden, gruselig war es trotzdem noch. Die langen Flure zum Beispiel. Nachts im Dunkeln hausten dort Ungeheuer, da war ich mir sicher und fürchtete mich vor dem Weg zur Toilette. Am schlimmsten allerdings war es im Keller. Von dort unten schleppte mein Vater mehrmals in der Woche auf seinem Rücken einen riesigen Sack Kohlebriketts hoch in die erste Etage. Als Achtjähriger sollte ich ihn dabei begleiten. Während er noch den Sack vollpackte, hatte ich meine beiden kleinen Eimer im Handumdrehen gefüllt, also musste ich allein hoch in die Wohnung und mit den leeren Eimern wieder zurück in den Keller. Wenn ich Pech hatte, war mein Vater in diesem Moment schon auf dem Weg nach oben. Und dann war ich plötzlich allein in den gruseligen Katakomben, in denen es modrig roch und mich bizarre Schattenspiele und rätselhafte Geräusche zu Tode erschreckten. In diesen Momenten rannte ich, um mir Mut zu machen, laut singend bis zu unserem Kohlenverschlag, warf panisch ein paar Kohlen in die Eimer und rannte so schnell wie möglich wieder die Treppe hinauf. Vermutlich ging es tausenden Kindern beim Gang in den Keller so. Als Erwachsener hat man oft keine Vorstellung mehr von solchen Kinderängsten und auch Kinder sprechen nicht darüber.

Das wirkliche Geheimnis unseres Kellers erfuhr ich erst viele Jahre später: Die Sache mit der SS-Uniform, die meine Eltern 1960 kurz nach dem Einzug in der hintersten Ecke entdeckt hatten. Diese Uniform habe wohl dem Sohn des einstigen Hausbesitzers gehört, der in Russland von Partisanen erschossen worden war, vermuteten die Alten im Haus. »Hauptsturmführer, kein kleines Licht«, meinte mein Vater, der die Dienstrangabzeichen an der Uniform erkannte. Als Achtzehnjähriger wurde er 1943 in die Wehrmacht einberufen und hatte in Weißrussland Dörfer gesehen, die die SS dem Erdboden gleichgemacht hatte. Seitdem hasste mein Vater alles Militärische.

Christa Kern und ich standen noch eine ganze Weile vor unserer Haustür. Ich erzählte ihr, dass man für Wohnungen wie diese in der ersten Etage, 140 Quadratmeter, vier Zimmer mit Parkett und Stuck, inzwischen bis zu 2.000 Euro Warmmiete bezahlen müsse, was mittlerweile teurer ist als in Zehlendorf.

Ungläubig zog sie die rechte Augenbraue hoch und erzählte von früher: »Das war hier die totale Kleine-Leute-Gegend, hier wurde berlinert, was das Zeug hält. Akademiker oder ›Studierte‹ hat es hier nicht gegeben.« Die Mutter ihrer besten Freundin war Schneiderin, und Uta, das war auch eine gute Freundin, Uta Burger, deren Eltern hatten eine Kneipe hier in der Straße, das Kaffee Burger. Das Kaffee Burger? Christa Kern hört zum ersten Mal, dass aus der Kneipe der Burgers ein Szenelokal geworden ist, seit Wladimir Kaminer dort regelmäßig zur Russendisko einlädt.

Dass sie hier »nicht tot über'm Zaun hängen« wollte, vergaß sie dabei ganz schnell. Sie war wieder in ihrer Kindheit: »Damals konnten wir stundenlang auf der Straße Ball spielen, hier in der Torstraße! Wenn Sie heute ein Kind hier spielen lassen, ist es doch nach fünf Minuten tot.« Als sie etwas älter war, ist sie mit Ruth, dem Mädchen von nebenan, zum Tanzen nach Dahlem gefahren, in die »Eierschale«. Und wie die Männer hinter ihnen her waren! Ihr selbst haben die Verehrer immer gesagt, dass sie wie Marina Vlady aussehe, sagte sie lachend.

Beim Tanzen in Dahlem lernte sie auch ihren späteren Mann kennen. Sie war achtzehn, als sie geheiratet haben. Im Wedding eröffneten sie ein kleines Möbellager. Später wurde daraus ein großes Unternehmen, sie belieferten die gesamte Branche, Höffner, Hübner und Krieger. Nach dem Tod ihres Mannes hat sie die Firma allein geleitet. Jetzt genießt sie das Leben und die Familie. Alle vier Kinder haben eine renommierte Dahlemer Privatschule besucht.

Zum Schluss erzählte ich ihr noch, dass unsere Familie ausgezogen ist, weil meine Mutter es leid war, die riesige Wohnung sauber zu machen und zu beheizen. Ob ich in ihrem Fall schreiben dürfte »weggegangen wegen der Liebe«?

»Ja, und zwar ganz offiziell weggegangen«, darauf legt Christa Kern Wert. Sie ist nicht einfach »verduftet«, wie man damals sagte, sondern hat sich 1956 »offiziell und amtlich« umgemeldet nach Westberlin.

1978–1990, Vorderhaus
4. Etage rechts

Es müssen ja nicht wieder so viele Jahre vergehen, bis sie das nächste Mal in der Torstraße vorbeischaut, hatte Christa Kern zum Abschied noch gesagt. Dann stieg sie in ihren Sportwagen, den sie ein paar Häuser entfernt geparkt hatte.

Auch meine nächste »Nachbarin« hatte ihre Kindheit in unserem Haus verbracht. Catrin Przewozny war noch ein Baby, als ihre Eltern 1978 mit ihr einzogen: Vorderhaus, vierte Etage, drei Zimmer, kleiner Balkon. Als mir Frau Morgenstern die Hausbücher schenkte, erzählte sie noch mit leicht empörtem Unterton, dass die Przewoznys die Ersten nach der Wende waren, die einfach gingen, ohne sich ordnungsgemäß im Hausbuch abzumelden. Die seien im Januar 1990 geradezu »geflohen«, verschwanden irgendwohin in den Westen.

Flucht im Januar 1990? Dass DDR-Bürger ihrem Land bis November '89 den Rücken kehrten, weil sie sonst vielleicht erst als Rentner in die große weite Welt gedurft hätten, leuchtet ein. Dass in den 1990ern Millionen auf der Suche nach einem Job »rüber machten«, ist auch allgemein bekannt.

Aber im Januar 1990?

Vielleicht wollten die Przewoznys gar nicht, dass jemand fünfundzwanzig Jahre später nach ihnen sucht? Hatten sie 1990, aus welchen Gründen auch immer, ein zweites Leben beginnen wollen? Ging es bei ihrer Flucht um irgendeine Stasi-Geschichte? War nicht im Januar 1990 die Zentrale der Staatssicherheit an der Normannenstraße gestürmt worden? Im Hausbuch hatte Lutz Przewozny als Beruf zwar »Kfz-Schlosser« angegeben und seine Frau Karin trug für sich »Bekleidungsingenieur« ein, aber vielleicht war das ja nur Tarnung. Wobei Stasi-Leute sich in der Regel hinter der Bezeichnung »Angestellter« versteckten. Wenn zum Beispiel im Klassenbuch in der Spalte »Tätigkeit der Eltern« das Wort »Angestellte« auftauchte, konnte man vermuten, dass die Eltern des Mitschülers bei der Stasi arbeiteten.

Ich war jedenfalls gespannt. Im Internet gab es genau eine Catrin Przewozny und die rief ich an. Es war die richtige.

Ein paar Tage später saß ich in ihrem kargen Büro in einem Potsdamer Einkaufszentrum. Die Gewerkschaft ver.di hat dort ein paar Räume angemietet. Catrin kümmert sich um die Interessen ostdeutscher Krankenschwestern und Ärzte.

»Das mit der Flucht stimmt«, bestätigte sie sofort. Sie sprach klar, mit leichtem norddeutschem Akzent und sehr viel Wärme strahlte aus ihren braunen Augen. Damals verstand sie die Welt nicht mehr, sagte sie. Anfang 1990 fand sie sich urplötzlich in diesem kleinen Kaff an der dänischen Grenze wieder. Sie war zwölf, hatte die falschen Klamotten, berlinerte und konnte kein Wort Englisch. Im Gymnasium wurde sie eine Klasse zurückgestuft. In Berlin war sie noch Klassenbeste gewesen, nun fehlte ihr das Zuhause, die Stadt und vor allem unser Haus. Sie hatte ihre Heimat verloren.

Zur Wende, erinnerte sie sich, lebten fast nur Familien mit Kindern in der Wilhelm-Pieck-Straße 94. Vor allem mit Susanne und Michael verstand sie sich gut. Der Vater der beiden war Parteisekretär im Palast der Republik. Wenn Catrin nachts mal wieder allein zu Hause war und Angst hatte, konnte sie jederzeit bei den Bohnkes klingeln.

23

»Parteisekretär vom Palast der Republik?«, fragte ich über-
rascht. »Ja«, lachte sie, »auch der ABV, also der Abschnittsbe-
vollmächtigte der Volkspolizei wohnte bei uns im Haus.«

Gleich zwei Funktionäre im Haus meiner Kindheit zum
Ende der DDR? Bevorzugten solche Genossen nicht eher die
schicken Neubauten am Alex, im Nikolaiviertel oder an der
Leipziger Straße? »Nein«, erklärte sie mir, »es gab ja insgesamt
14 Wohnungen im Haus, da fielen ein Parteisekretär und ein Po-
lizist nicht weiter ins Gewicht.«

Ihre Eltern betrieben eine Kneipe, erinnerte sich die Tochter
der Przewoznys. »Es gab ja viel zu wenig Restaurants und Ca-
fés. Deshalb lebten Gastronomen super damals, wir hatten einen
VW-Bus, ein Grundstück am See und immer reichlich Westgeld.
Vom Ketchup bis zur Seife kam bei uns zu Hause fast alles aus
dem Intershop.« Die Eltern gehörten sozusagen zur eigentlich
herrschenden Klasse in der DDR: Handwerker und Gastronomen, die sich ihre Leistungen gerne zu Teilen in Westmark bezahlen ließen. Der Rest der Bevölkerung spekulierte – was die
begehrte D-Mark anging – auf eine möglichst spendierfreudige
Westverwandtschaft.

Die Sippschaft der Ulrichs war in dieser Beziehung aller-
dings ein glatter Ausfall und ließ bestenfalls mal eine Packung
Kaugummi springen. Einzige Ausnahme war der breitschultrige
Onkel Armin, der meinem Bruder zur Jugendweihe das Beatles-
Album »Help« durch die Grenzkontrolle in die Wilhelm-Pieck-
Straße schmuggelte. Der Onkel hatte sich die Schallplatte mit
Heftpflaster auf den Rücken geklebt, zur besseren Tarnung allerdings die Ecken des Covers abgeschnitten. Mein Bruder be-
schwerte sich nicht, obwohl er mit einer beschnittenen Platten-
hülle nicht gut angeben konnte und, wie er kritisch anmerkte,
gab es wirklich bessere Beatles-Alben. Ich tauschte mit siebzehn

Catrin Przewozny – von der Adoption des Kindes wusste niemand im Haus

bei meinem Schulfreund Christoph 180 DDR-Mark gegen 60 D-Mark ein und kaufte mir im Intershop meine erste Levy's. Mädchen, die vorher durch mich hindurch gesehen hatten, bemerkten mich plötzlich.

Aber zurück zu den Przewoznys, denen es also ganz gut in der DDR ging – jedenfalls im Prinzip. Irgendetwas stimmte nicht, denn Catrin saß oft stundenlang am Fenster und starrte traurig auf die Wilhelm-Pieck-Straße. Gleichzeitig fingen die schlimmen Streitereien mit ihrer Mutter an. »Du bist nicht meine Mutter!«, hatte sie damals immer öfter geschrien.

In Schleswig-Holstein wurde der Stress mit der Mutter noch schlimmer, mit siebzehn zog sie zu ihrem Freund, schmiss das Gymnasium, später auch die Ausbildung im Hotel, jobbte stattdessen in einem Supermarkt, heuerte bei einer Krankenhaus-Servicefirma an, und mit zwanzig brachte sie ihren Sohn zur Welt. Im Krankenhaus fragte man sie nach ihrer Geburtsurkunde. Als ihre Eltern davon erfuhren, waren sie plötzlich total aufgeregt. Sie würden sowieso gerade nach Berlin fahren und könnten ihr von dort eine beglaubigte Kopie mitbringen.

Catrin Przewozny schlug sich mit der flachen Hand vor die Stirn, sah mich an und lachte: »Ich Schaf, meine Eltern haben blaue Augen, ich habe braune. Das hätte mir damals schon auffallen müssen!« Die Eltern brachten dann tatsächlich eine Geburtsurkunde aus Berlin mit, eine merkwürdige allerdings, in der nichts über Catrins Eltern stand. Erst viel später, mit dreißig, fragte sie endlich, ob sie adoptiert war.

Nun erfuhr sie ihre eigene Geschichte: Die Przewoznys hatten sich immer ein Kind gewünscht und dann kam dieser Anruf aus der Klinik in Berlin-Lichtenberg. Eine Frau hatte gerade ihr sechstes Kind zur Welt gebracht und das Baby dort gelassen, weil sie mit den anderen fünf schon überfordert war. Ein paar Monate später zogen die Eltern mit dem Baby in die Wilhelm-Pieck-Straße. Von der Adoption wusste niemand im Haus.

Aber war das ein Grund, Berlin 1990 so fluchtartig zu verlassen? Schließlich hatten die Eltern doch einfach nur den richtigen Zeitpunkt verpasst, der Tochter die Adoption zu beichten.

»Eigentlich war das kein Grund«, meinte Catrin. »Aber die Zeiten damals waren irrational. Täglich war die Rede von irgendwelchen Akten, die veröffentlicht werden. Meine Eltern hatten Angst, dass auch sämtliche Adoptionsakten rausgegeben werden. Vor allem befürchteten sie, dass ich dann zu meinen leiblichen Eltern zurückgehen würde.«

Ja, sie hat ihre leibliche Mutter dann mal angerufen. Die war betrunken und lallte nur am Telefon. Auch beim leiblichen Vater hatte sie sich gemeldet. Der brüllte, sie solle ihn in Ruhe lassen. Mit einigen ihrer leiblichen Geschwister hatte sie sich auch getroffen, aber Verwandtschaftsgefühle kamen nicht auf. Dafür fehlten wahrscheinlich die gemeinsamen Kindheitserfahrungen, glaubt sie.

Sie solle froh sein, dass sie adoptiert worden sei, haben ihr die Geschwister gesagt. Das sei sie auch. Ihre Adoptiveltern sind inzwischen wieder das, was sie auch vorher für sie waren, ihre Eltern.

Vor einem Vierteljahrhundert hatte Catrin Przewozny ihr Zuhause verloren. Inzwischen schmerzt es nicht mehr, wenn sie an ihrem, unserem Haus vorbeikomme und das tat sie oft in den letzten Jahren, nämlich immer, wenn sie für ver.di in der Charité zu tun habe. Seit Kurzem kümmert sie sich gewerkschaftlich ums Krankenhauspersonal zwischen Bremen, Kiel und Hannover.

Die Wochenenden verbringt sie bei ihrer Familie an der dänischen Grenze. Sie ist jetzt zufrieden mit ihrem Leben.

*Detlef Bohnke (*1950)*

1978–1989, Vorderhaus
3. Etage links

Catrin Przewozny hatte ihn beiläufig als netten Nachbarn erwähnt. Komisch, ich hatte die Hausbücher nun schon so oft studiert, aber, wie schon erwähnt, keinen »Parteisekretär« entdeckt. Erst durch Catrins Tipp fand ich ihn. Denn Detlef Bohnke hatte 1978 lediglich »politischer Mitarbeiter« bei seinem Einzug mit Frau und Kind als seine Tätigkeit angegeben.

Auch in seinem Fall frage ich mich zunächst, ob er nach fünfundzwanzig Jahren nicht einfach seine Ruhe haben will, zumal ich übers Melderegister herausgefunden hatte, dass Detlef Bohnke inzwischen am Rande von Frankfurt am Main lebt. Der ehemalige Parteisekretär vom »Haus des Volkes«, wie der Palast der Republik in der DDR auch offiziell bezeichnet wurde, sollte nun also ausgerechnet in der Bankenmetropole, der Zentrale des Finanzkapitals, zu Hause sein?

Ich rief ihn an und er sagte sofort zu. Er sei regelmäßig bei seinen Kindern in Berlin, wir könnten uns bald mal treffen.

Im Café am Weinbergsweg laufe ich erst mal an ihm vorbei. Mit Lederjacke, Sonnenbrille und grauem Schnauzer sieht er aus wie einer dieser Sechzigjährigen, die sich eine Harley kaufen und es noch mal richtig krachen lassen wollen. An einen SED-Funktionär erinnert mich dieser Typ überhaupt nicht. Bohnke lacht scheppernd, steckt sich eine Marlboro an, sagt, er sei »nur« stellvertretender Parteisekretär im Palast der Republik gewesen.

Als er in unser Haus einzog, wohnten wir, die Ulrichs, schon lange nicht mehr dort. Aber an den Palast kann ich mich sehr gut erinnern. Für uns Jugendliche war der Bau am Marx-Engels-Platz in den 1970er-Jahren eine, wie man heute sagen würde, coole Location. Wir lümmelten nach der Schule im großen Foyer in Ledersesseln herum und rauchten betont lässig unsere Karo- oder Juwel-Zigaretten. Kein Erwachsener machte uns irgendwelche Vorhaltungen. Im Gegenteil, die freundlichen Palast-Hostessen lächelten sogar uns pickligen Langhaarigen freundlich zu. Mit etwas Glück ergatterten wir gelegentlich Karten für die Disko im Untergeschoss. Dort gab es eine sich drehende, auf und ab bewegende Tanzfläche, der absolute Clou damals.

Aber was hatte eigentlich ein Parteisekretär zu tun in dem größten Vergnügungstempel der Hauptstadt?

»Um das Parteileben musste ich mich kümmern, schließlich war ja die Hälfte der zweitausend Mitarbeiter Genossen. Da mussten Versammlungen und Schulungen abgehalten werden, und für die Parteidisziplin war ich schließlich auch zuständig.«

Eine Strafe allerdings habe er nur ein einziges Mal verhängt. Zu der stehe er heute noch. Eine Genossin kam damals in sein Büro gestürmt, Bohnke sollte helfen, ihr Mann gehe fremd. Bohnke und die Partei sollten den Untreuen zur Raison bringen. Das war kurz vor dem Ende der DDR und die Einheitspartei mischte sich längst nicht mehr so inquisitorisch ins Ehe- und Sexualleben ihrer Mitglieder ein, wie sie es noch in den 50er- oder 60er-Jahren getan hatte. Die Genossen akzeptierten inzwischen stillschweigend, dass die Ostdeutschen ein promiskes Volk waren und genauso gern heirateten, wie sie sich auch wieder trennten, die Quote lag bei eins zu eins. Ehescheidungen waren damals noch kein Synonym für drohende lebenslange Unterhaltszahlungen an den Ex-Partner, das Scheidungsrecht war ein anderes, und es herrschte Vollbeschäftigung. Bohnke aber war über den Ehebruch vor Empörung außer sich und bearbeitete die Parteileitung so lange, bis der untreue Gatte eine Rüge kassierte. »Familie und Treue«, sagt Detlef Bohnke und zündet sich die nächste Zigarette an, »sind noch heute die wichtigsten Werte für mich.«

Vielleicht ganz gut, dass er und ich zu unterschiedlichen Zeiten in der Wilhelm-Pieck-Straße 94 gewohnt haben. Wer lebt schon gern mit so einem Tugendwächter unter einem Dach. »Ach«, beteuert er, »in der Wilhelm-Pieck-Straße war ich einfach nur Nachbar. Da waren wir alle gleich, egal ob Bonzen oder Arbeiter.«

»Bonzen oder Arbeiter«, das sollte jetzt vermutlich cool klingen. Wie war denn das wirklich mit den Bonzen und den Arbeitern? Im Kopf checke ich schnell das Hausbuch, mittlerweile kenne ich es in- und auswendig. Ende der 80er-Jahre lebten zwei Arbeiter- und zwei »Bonzenfamilien« – wie Bohnke sie nennt – im Haus, außerdem einige Akademiker, wahrscheinlich keine ungewöhnliche Mischung für Ostberlin in jenen Zeiten.

»Mal ehrlich, war das wirklich eine richtige Gemeinschaft, gab es keine Klassenunterschiede in der Wilhelm-Pieck-Straße?«, frage ich ihn.

Da erzählt er mir die Sache mit der Sauna. Die wollten sich die Hausbewohner gemeinsam oben im Dachboden einbauen. In der Sauna zu schwitzen war seit den 70er-Jahren immer beliebter geworden. Eines Tages hockten sie bei Bohnke am Küchentisch und zeichneten erste Skizzen. Später hatten sie alles Material beschafft, eine Baugenehmigung besorgt sowie einen Klempner und einen Elektriker organisiert. Die Saunakabine zimmerten sie sich selbst zusammen, er, der Parteisekretär, der Kneipier aus der vierten und der Ingenieur aus der ersten Etage. Sie wären die erste Hausgemeinschaft in der Hauptstadt mit einer eigenen Sauna gewesen. Doch dann kam die Wende und alle hatten ganz andere Sorgen. Die Eigentümer, die das Haus in den 1990er-Jahren wieder übernahmen, haben die Idee wohl nicht weiterverfolgt.

Detlef Bohnke könnte ihnen die alten Baupläne schenken, falls sie das Projekt ein Vierteljahrhundert später doch noch zu Ende bringen wollten. Aber dann winkt der ehemalige Parteisekretär ab. »Vielleicht«, meint er, »wollen die Leute so was heute ja auch nicht mehr, ist ihnen vielleicht ein bisschen zu viel Gemeinschaft, oder?«

Die Sache mit der Sauna scheiterte jedenfalls und kurz darauf machte auch der Palast der Republik dicht. Die 2.000 Mitarbeiter wurden arbeitslos. Eine Westberliner Wachschutzfirma übernahm lediglich achtzehn Leute, die den geschlossenen Palast nun rund um die Uhr bewachten. »Und ich war der Chef von diesem kleinen Wachkommando«, lacht Bohnke, hustet und steckt sich die nächste Zigarette an.

Ein paar Monate später stieg er auf in der Firma, war jetzt Chef von 120 Mann, mit denen er allerdings nicht mehr den Palast, sondern die Mainzer Straße in Friedrichshain zu bewachen hatte. Ein riesiges Polizeiaufgebot hatte dort Ende 1990 die besetzten Häuser geräumt. Jetzt sollten Bohnke und seine Leute verhindern, dass sich die Besetzer die Häuser zurückeroberten.

Ich erinnere mich noch an den Morgen der Räumung. Als Reporter von Jugendradio DT64 verfolgte ich das Geschehen an der Frankfurter Allee, Ecke Mainzer Straße, ein paar Minuten später sollte ich live für unsere Frühsendung berichten und presste mir ein nasses Taschentuch auf die Augen. Gerade hatte ich die erste Ladung Tränengas meines Lebens abbekommen. Die Westberliner Polizei, die seit ein paar Tagen auch für die

Detlef Bohnkes letzte Kaderakte, Mai 1989

Ostbezirke zuständig war, hatte schweres Gerät aufgefahren. Ich erschrak über die martialischen Kampfmonturen der Westpolizisten ebenso wie über Besetzer, die von den Dächern der Häuser Gehwegplatten auf die Beamten schleuderten. Was wir früher nur aus dem Fernsehen kannten, wenn die SFB-Abendschau gelegentlich über die Räumung besetzter Häuser in Kreuzberg berichtet hatte, spielte sich jetzt real bei uns in Ostberlin ab – wir waren im Westen angekommen.

Und Bohnke, der ehemalige Parteisekretär, hatte die Seiten gewechselt. Denn ein kommunistisches Credo war, dass Häuser denen gehören sollen, die darin wohnen und nicht Privateigentümern.

Ob er keine Probleme damit hatte, jetzt auf der anderen Seite der Barrikade zu stehen? »Kommunist war ich ja noch immer«, sagt er. »Ich habe ja noch einige Jahre lang Mitgliedsbeitrag bezahlt bei der PDS. Aber beruflich musste ich mich entscheiden zwischen Überzeugung und Familie. Ich habe mich für die Familie entschieden. Und das hat sich dann auch gelohnt. Aus allen vier Kindern ist was geworden. Zwei von den Vieren sind heute auch bei der Firma.« Damit meint er eines der größten Sicherheits- und Dienstleistungsunternehmen in Deutschland. Vor ein paar Jahren hat man ihn in die Konzernzentrale nach Frankfurt am Main geholt. Alle zwei Wochen besucht der ehemalige Parteisekretär in Berlin zwei seiner Kinder sowie seine Enkelkinder. Dann kommt er an der Torstraße 94 immer mal vorbei. Wehmut spürt er in diesen Momenten nicht. Die Gegend zwischen Hackeschem Markt, Rosenthaler Platz und Volksbühne ist ihm heute fremd, viel zu laut, zu verrückt. »Ich bin jetzt Hesse«, lacht er und drückt die letzte Zigarette im Aschenbecher aus.

Drei ehemalige Bewohner habe ich bisher wiedergefunden. Alle drei leben heute im Westen, Christa Kern in Zehlendorf, Catrin Przewozny in Schleswig-Holstein und der ehemalige Parteisekretär in Hessen. In der Torstraße 94 ist heute – wie überall in der Ostberliner Innenstadt – eher eine »Bevölkerungswanderung« in umgekehrter Richtung zu beobachten. Der allererste Wessi kam übrigens schon lange vor dem Mauerfall in unser Haus.

Peter Merten (*1931)

1964–1971, Seitenflügel
3. Etage rechts

Peter Merten – ihn habe ich selbst noch als Nachbarn erlebt. Wenn über ihn gesprochen wurde, nannten die Erwachsenen ihn stets beim Vor- und Zunamen, was in den 60er-Jahren eher ungewöhnlich war. Allgemein sprach man damals von Herrn oder Frau sowieso. Meiner Mutter und unserer Nachbarin wäre es nie im Traum eingefallen, sich gegenseitig mit Helga und Hannelore anzusprechen, auch nach zehn Jahren waren sie füreinander Frau Ulrich und Frau Morgenstern. Ein halbes Jahrhundert später hat sich das mit der Anrede bei uns im Viertel völlig verändert. Jetzt duzen sich hier alle Erwachsenen, die Nachbarn im Treppenhaus ebenso wie die Eltern in der Grundschule oder in der Kita. Lange vorbei sind bei uns die Zeiten, in denen Erwachsene von Kindern noch grundsätzlich gesiezt wurden.

Für die allermeisten Schulfreunde unseres Sohnes etwa heißen meine Frau und ich einfach Melanie und Andreas. Unser Sohn hingegen nennt uns Mama und Papa, was auch nicht mehr selbstverständlich ist in den sanierten Altbauten in Berlin-Mitte. Immer öfter bestehen Eltern darauf, auch von den eigenen Kindern beim Vornamen genannt zu werden. Es herrschen also sprachlich flache Hierarchien.

Doch zurück zu Peter Merten. Der trug sich am 31. Januar 1964 ins Hausbuch der Wilhelm-Pieck-Straße 94 ein. Als Tätigkeit gab der Zweiunddreißigjährige »Sänger« an und als seinen Geburtsort die Stadt Bous im Saarland. Merten kam also von »drüben«, wie die Leute damals sagten, aus dem anderen Deutschland. Solche West-Ost-Umzüge waren in den ersten Jahren der deutschen Teilung keine Seltenheit. Immerhin wechselten nach 1949 eine halbe Million Westdeutsche in den anderen Landesteil, darunter spätere Prominente wie Peter Hacks, Wolf Biermann, Lothar Bisky, Manfred Krug oder die Familie der heutigen Bundeskanzlerin. Sie alle kamen mit großen Hoffnungen.

»Genauso war es. Ich hatte Hoffnungen! Und die haben sich auch erfüllt!«, singt Peter Merten – tatsächlich, er singt, wenn er mit Begeisterung spricht, seine Stimme geht dabei weit nach oben.

Ein paar Wochen nach unserem Treffen wird Peter Merten vierundachtzig Jahre alt. Er strahlt und breitet seine Arme aus, als er mir seine Geschichte erzählt.

Schon als Junge hatte er nur den einen Wunsch, auf einer großen Bühne zu tanzen und zu singen. Doch statt aufs Konservatorium oder an die Schauspielschule ging es für ihn mit sechzehn in den Schacht, er lernte Hauer, denn die Familie brauchte das Geld, das Peter nach der Lehre als Bergmann in Frankreich verdienen konnte.

Irgendwann gab ihm jemand den Tipp, es in der DDR mit einer Bühnenkarriere zu versuchen. Gesangs- und Tanzausbildung könne er dort kostenlos bekommen. 1955 heuerte er in einer thüringischen Strumpffabrik an, stand tagsüber an einer Strickmaschine und nahm in seiner Freizeit Schauspielunterricht. Nebenbei tourte er als Sänger einer Schlagercombo durch den Thüringer Wald. Irgendwann hatte er dann tatsächlich sein erstes Engagement am Theater, im mecklenburgischen Neustrelitz. Er sang und tanzte in »Frau Luna«, in »Carmen« und im »Bettelstudent«.

*Autogrammkarte von Peter Merten
in den 60er-Jahren*

Schließlich wurde das wichtigste Operettentheater der Republik auf ihn aufmerksam und er bekam einen Vertrag am Berliner Metropol-Theater.

Ich habe Peter Merten nie auf der Bühne gesehen. Als er in den 60er-Jahren Operettenerfolge feierte, war ich als ABC-Schütze noch auf Puppentheater abonniert. Als Nachbar indes ist er mir schon aufgefallen. Er roch zum Beispiel ganz anders als mein Vater und die anderen Männer im Haus, nicht nach Pitralon oder Tüff-Rasierwasser, sondern irgendwie raffinierter. Seine pechschwarzen Haare trug er zur »Tolle« gekämmt, wie man damals sagte, also nach oben gedreht, hillbillymäßig. Meist sahen wir ihn in schwarzer Lederjacke mit hochgeschlagenem Kragen. Männer, die so aussahen wie er, gab es sonst nur auf den Fotos, die in den Schaufenstern der Friseurgeschäfte hingen.

Wir bewunderten ihn und auch das Auto, mit dem er eines Tages aufkreuzte und das fortan bei uns auf dem Hof der Wilhelm-Pieck-Straße parkte, ein Simca 1000 mit jeder Menge blitzendem Chrom.

Ich frage ihn, ob er sich überhaupt noch erinnern kann an unser Haus?

»Aber selbstverständlich, das war doch die glücklichste Zeit meines Lebens. Wie sollte ich die jemals vergessen!«

Oft habe er mit den Frauen aus dem Haus auf dem Hof gesessen und mit ihnen stundenlang Operettenmelodien gesungen, während die Nachbarinnen gleichzeitig für den Konditor nebenan Obst in große Plastikschalen schnippelten. Die Frauen verdienten sich dadurch ein paar Mark zu ihrer Rente dazu, vor allem aber genossen sie die Stunden mit dem fröhlichen, gutaussehenden Sänger, sie vergötterten ihn.

Allerdings stand der ja auf Männer, was im Haus auch jeder wusste, denn der Schauspieler bekam regelmäßig Herrenbesuch. Die Nachbarn drückten sich noch recht umständlich aus, wenn sie von Mertens Homosexualität sprachen. Der Schauspieler sei vom »anderen Ufer«, hörte ich meinen Vater mal zu meiner Mutter sagen. Mit uns Kindern wurde selbstverständlich über so etwas nicht geredet. Dieses »andere Ufer« klang aus dem Mund meines Vaters irgendwie selbstverständlich und unaufgeregt, was vielleicht mit seiner eigenen Kindheit zu tun hatte. Er war in den 1920er-Jahren am Alexanderplatz aufgewachsen, wo es Kleinbürger, wie meine Großeltern gab, die nach 1933 zu Nazis wurden, aber ebenso Proleten und Lebenskünstler, Kleinganoven, Hochstapler, Prostituierte, Stricher, Lesben sowie Schwule und gleich hinterm Alex, im Scheunenviertel, die koscheren Läden und Betstuben der orthodoxen Juden. Mein Vater hatte diese Vielfalt für den Rest seines Lebens verinnerlicht. Weder die Gehirnwäsche der Nazis noch die spießige Kleinkariertheit in der DDR konnten daran etwas ändern. Ein schwuler Nachbar verunsicherte meinen Vater kein bisschen.

Waren alle Nachbarn so, gab es keine Anfeindungen?

»Nein, überhaupt nicht, in der Wilhelm-Pieck-Straße waren alle nett zu mir«, antwortet Peter Merten. Die Nachbarin goss seine Blumen und leerte den Briefkasten, wenn er auf Tournee war. Abgesehen davon lag seine Wohnung für einen Schwulen strategisch ausgezeichnet. »Von da aus war es nicht weit zu den Orten, wo immer was ging, zum Künstlerklub Möwe in der Luisenstraße, zum Café Esterhazy am Oranienburger Tor oder zum Presseklub am Bahnhof Friedrichstraße. Ich habe allerdings auch nie Angst gehabt. Weder Angst vor Schwulenhassern noch davor, jemanden anzusprechen, den ich haben wollte«, lacht er. »Wenn mir jemand gefallen hat, dann bin ich entschlossen auf ihn zugegangen.« Von zahlreichen Abenteuern mit Hetero-Männern erzählt er mir, mit Diplomaten, Offizieren, Schlafwagenschaffnern oder einem seinerzeit bekannten Fußballer. »Die Männer hatte ich alle oben in meiner kleinen Zwei-Zimmer-Wohnung. Und die, die Homosexualität vorher vehement abgelehnt hatten, waren im Bett dann stets die Heißesten«, erinnert sich mein Nachbar.

Peter Merten lebte und liebte rastlos. Nur einmal war er etwas ratlos. Und auch ich bin es erst mal, als er mir die Geschichte erzählt.

Eines Tages fand er in seinem Briefkasten die Einladung zu Kaffee und Kuchen bei Erich Honecker. Tag und Uhrzeit waren vorgegeben. Peter Merten warf sich in seinen besten Anzug und stand pünktlich am Besuchereingang des Staatsratsgebäudes. An der Rezeption wusste man Bescheid und führte ihn direkt in Honeckers Arbeitszimmer. Der Besprechungstisch war mit

Meißner Porzellan eingedeckt, frischer Apfelstreusel duftete und der Staatsratsvorsitzende begrüßte seinen Gast mit den Worten: »Endlich mal Besuch von Zuhause. Jetzt können wir wie dahemm schwätzen.« Bei Kaffee und Kuchen erkundigte sich Honecker, wie es dem Schauspieler beruflich gehe, ob er irgendwas für ihn tun könne. Der Staatsratsvorsitzende kannte auch Mertens Vater, der wie er selbst in der Saar-KPD gewesen war.

Das Gespräch war harmlos, erinnert sich Peter Merten. Der mächtigste Saarländer im Arbeiter- und Bauernstaat hatte offenbar das Bedürfnis, endlich mal wieder mit einem Landsmann zu sprechen und von denen gab es in Berlin damals vermutlich noch weniger als heute. Bei uns im Haus hat Peter Merten nie etwas vom Besuch bei Erich Honecker erzählt. »Nicht, dass es mir peinlich war, ich wäre mir bloß irgendwie angeberisch vorgekommen«, meint er.

In den 70er-Jahren ist er dann zurück in den Westen gegangen. Er hatte ja noch immer seinen westdeutschen Pass. Sein Vater war inzwischen schwer erkrankt und Peter kümmerte sich um ihn. In Mainz und Saarbrücken stand er auf der Bühne und sang unter anderem mit Anneliese Rothenberger und Dagmar Koller. Irgendwann aber liefen die Dinge nicht mehr so gut, Spielsucht, Schulden. Der Mann, der sich einst entschlossen das nahm, was er wollte, ist heute einsam. Vor drei Jahren war er zum letzten Mal in Berlin. Freunde hatten ihm die Reise geschenkt.

»Es war schön, nochmal vor unserem Haus zu stehen«, sagt er, »hier hatte ich die schönste Zeit in meinem Leben.«

Zum Schluss, erzählt er noch, lebte er mit seinem festen Freund bei uns im Haus, Helmut Puder hieß der. Als der sich von ihm trennte, zog Peter zu einem anderen Mann nach Friedrichshain. Helmut blieb im Haus wohnen.

Helmut Puder, den Namen kannte ich aus dem Hausbuch. Der neunzehnjährige Dreher hatte sich 1970 als Mieter in der Wilhelm-Pieck-Straße 94 angemeldet. Vier Jahre später malte jemand mit Kugelschreiber ein schwarzes Kreuz hinter den Namen und schrieb dazu das Datum 3.12.74.

Puder war mit vierundzwanzig Jahren gestorben. Warum? Krebs, Selbstmord, ein Unfall? Das wollte ich von Veronika Puder erfahren. Eine Frau mit diesem Namen und der Berufsangabe »Friseuse« war 1972 in die Wohnung zu Helmut gezogen. Wenn er schwul war, handelte es sich vielleicht um seine Schwester.

Erst Mitte der 80er-Jahre, so stand es im Mieterverzeichnis, war Veronika Puder wieder ausgezogen, nach Marzahn, in den heutigen Blumberger Damm. Ich habe Glück. Veronika Puder lebt noch immer dort. Wir verabreden uns in einem Gartenlokal in Marzahn. T-Shirt und Jeans scheinen mir die angemessene Garderobe zu sein. Als ich Veronika Puder sehe, bin ich mir nicht mehr so sicher. Zu ihrem frisch blondierten Pony trägt sie ein tief ausgeschnittenes Shirt in Tigeroptik und dazu enge weiße Hosen.

Veronika Puder (*1953)

1972–1984, Seitenflügel
3. Etage rechts

»Ich war nicht seine Schwester, sondern seine Frau!«, stellt Veronika gleich klar. Sie bietet mir sofort das Du an. Schließlich seien wir ja Nachbarn gewesen, auch wenn wir uns noch nie begegnet sind.

Helmut Puder jedenfalls hatte ihr sofort erzählt, dass er in der Zwei-Zimmer-Wohnung früher mit einem Mann zusammenlebte. Ihr Helmut war ein schöner Mann. Er war Beleuchter am Metropol und spielte nebenbei in einer Band. Als sie ihn kennenlernte, erinnert sich Veronika, war er schon »nicht mehr« schwul, sondern bereits mit einer anderen Frau zusammen. »Aber ich fand ihn viel zu schade für diese Frau und da hab ich mir den Mann selbst geschnappt.«

Den Mann geschnappt. Das klingt wie in den Erzählungen von Peter Merten. Waren alle sexuell so zielstrebig in unserem Haus? Ich muss unwillkürlich an die Sache mit den *Magazin*-Fotos denken. *Das Magazin* war die beliebteste Monatszeitschrift des Landes und am Zeitungskiosk sofort ausverkauft, wahrscheinlich auch, weil in jeder Ausgabe ein Aktfoto abgedruckt wurde. *Magazin*-Hefte landeten nach dem Lesen oder Betrachten nicht im Altpapier, sondern wurden gesammelt. Als Viertklässler machte ich mich mit einer großen Schere über die Hefte meiner Eltern her, schnitt ein Dutzend Aktfotos aus und pinnte sie mit Reißzwecken an die Wand über meinem Bett. Im

Kinderzimmer sah es plötzlich aus wie in der Raucherecke einer Autowerkstatt. Am nächsten Tag musste ich die Fotos wieder abnehmen. Was wohl Besucher denken sollten, wenn sie das sähen, meinte meine Mutter zur Begründung.

Veronika Puder verrate ich natürlich nichts von diesen längst verdrängten Erinnerungen aus Kindertagen. Sie erzählt gerade, dass sie schwanger wurde von Helmut. Dazu lacht sie und wippt mit ihrem frisch gefärbten blonden Pony. Der Pony lenkt mich etwas ab. Wo verläuft eigentlich die Strähnchen-Grenze? Am S-Bahn-Ring, sozusagen der inoffiziellen Grenze zwischen der coolen Innenstadt und den spießigen Außenbezirken? Warum mag eine Frau in Mitte keine hellen Strähnen und harten Zwei-Stufen-Färbungen, während eine Marzahnerin am Stadtrand ein eher unverkrampftes Verhältnis zu lichtstarken Tönen hat? Wer sollte das besser beantworten können, als eine Friseurin. Sie aber ist unterdessen beim Vornamen ihrer Tochter angelangt: Jaqueline. »Ich stehe total auf französische Namen.« Offensichtlich. Ihre zweite Tochter heißt Denise.

Ich frage also nicht nach den Strähnchen. Eigentlich will ich auch eher wissen, warum ihr Mann so jung gestorben ist.

»Es war die Armee«, plötzlich ist alle Fröhlichkeit verflogen. »Helmut musste anderthalb Jahre zur Armee, nach Eggesin. Er sollte sogar ein paar Wochen länger bleiben, zur Strafe, weil er einen Vorgesetzten beschimpft hatte. Kurz vor Weihnachten 1974 klingelte es dann bei uns im Seitenflügel an der Wohnungstür. Als ich durch den Türspion die schwarze Krawatte gesehen habe, wusste ich sofort, dass was Furchtbares passiert ist.« Die schwarze Krawatte gehörte zu einem Major, der Veronika Puder sein Beileid aussprach. Ein Zivilist war mit seinem Auto in eine Marschkolonne gerast. Vier Soldaten waren auf der Stelle tot, darunter auch Helmut Puder.

*Sie hatte sich den Mann
»geschnappt« – Hochzeitsfoto
von Veronika und Helmut
Puder, 1972*

Mein Nachbar war also in Eggesin gestorben. Dorthin, in den
äußersten Nordosten, schickte die Generalität gerne die Wehr-
pflichtigen aus Berlin, die als besonders aufmüpfig galten. Bei
den Soldaten hieß dieser abgelegenste Winkel Vorpommerns
sarkastisch das »Land der drei Meere« – Waldmeer, Sandmeer,
nichts mehr. Vier Jahre nach Puders Tod bin ich dort ebenfalls
als Rekrut durch den pommerschen Sand gekrochen und mar-
schiert. Eggesin ist gewiss einer der trostlosesten Orte, den man
sich denken kann.

»Im Haus wussten sie natürlich, dass Helmut tot war. Aber
mir konnte sowieso niemand helfen. Ich war wie in einem Loch«,
erzählt Veronika Puder von den Monaten nach Helmuts Tod.

Dann zog Susanne Brückner in den Seitenflügel. Sie war
ebenfalls Anfang zwanzig und Mutter eines kleinen Mädchens,

Nicole. Mit ihrer neuen Nachbarin zog Veronika endlich wieder los, vor allem zum Tanzen in die Pinguin Bar. In dem damals sehr angesagten Lokal an der Volksbühne, nicht weit von der Wilhelm-Pieck-Straße entfernt, tauchten auch immer gutaussehende Afrikaner und Männer aus der Karibik auf. »Die waren viel fröhlicher als die Deutschen und tanzen konnten sie sowieso besser.« Eines Tages schleppte Susanne zwei Jungs von der französischen Karibikinsel Guadeloupe in der Wilhelm-Pieck-Straße an, Bruno und Hector, der mit Vornamen eigentlich Arnault hieß. Kurz darauf waren Veronika und Hector ein Paar.

Die beiden Namen hatte ich schon mal irgendwo gelesen. Wie bei allen Verabredungen habe ich natürlich auch in der Marzahner Gartenkneipe, in der wir sitzen, die Original-Hausbücher dabei. Während Veronika einen großen Schluck Cola trinkt, entdecke ich die Eintragungen der beiden. 1975 hatten sich kurz hintereinander zwei Franzosen als Dauer-Besucher in der Wilhelm-Pieck-Straße eingetragen.

Zwei Franzosen als Dauerbesucher in Ostberlin! Bis jetzt konnte ich mir keinen Reim darauf machen. Im Netz hatte ich vergeblich gesucht. Ich kombinierte im Internet die Namen mit der Abkürzung RDA, République Démocratique Allemande. Zu mehr reichten meine paar Brocken Französisch nicht. Ohne Ergebnis, die Geschichte der beiden Franzosen in der Wilhelm-Pieck-Straße schien für alle Zeiten verschollen. Doch jetzt saß ausgerechnet in Marzahn, unter einem riesigen f6-Sonnenschirm, eine Frau, die die beiden kannte. Bruno Albufeira und Arnault Hector, geboren auf Guadeloupe.

Dunkelhäutige Männer? »Na klar, Karibik«, sagt sie und antwortet auch auf meine nicht gestellte Frage. Rassismus habe sie nicht erlebt im Haus. Nur ihre eigenen Eltern waren nicht begeistert. Der Vater hatte wohl Angst um seinen Job bei der

Flugsicherung. Ein Schwiegersohn aus dem »kapitalistischen Ausland« würde ihm möglicherweise Probleme bereiten.

Bruno und Hector waren Ende der 60er-Jahre in die DDR gekommen. Auf Guadeloupe waren die Kommunisten damals eine feste Größe und Ausbildungsplätze knapp. Wie wäre es denn mit einer Ausbildung zum Kfz-Schlosser in der DDR, wurden sie gefragt. Die Jungs hatten zwar nicht die geringste Ahnung, wo dieses fremde Land lag, aber Autoschlosser wollten sie werden, und so landeten sie in Karl-Marx-Stadt. Als die beiden nach zwei Jahren ihren Facharbeiter in der Tasche hatten, zogen sie nach Westberlin – kein Problem mit ihren französischen Pässen. Hier gab es eine kleine karibische Community, vor allem aber war man schnell im anderen Teil der Stadt. Die beiden mochten die Ostdeutschen, vor allem die Frauen.

Bald hatten beide eine Freundin in Ostberlin. Natürlich war es ein bisschen lästig, jeden Abend kurz vor Mitternacht am Bahnhof Friedrichstraße aus der DDR ausreisen zu müssen. Tagesbesucher hatten das Land bis null Uhr zu verlassen, so die Regeln. Also fuhren Bruno und Hector jeden Abend mit Veronikas klapperigem Wartburg die zwei Kilometer von der Wilhelm-Pieck-Straße zum Tränenpalast an der Friedrichstraße, verabschiedeten sich um 23:55 Uhr aus der DDR, um sechs Minuten später, um 0:01 Uhr wieder einzureisen. Von den Grenzbeamten wurden die beiden längst nur noch freundlich durchgewunken.

»Übers Wochenende haben wir dann immer getrickst«, grinst Veronika Puder, »da meldeten wir Hector pro forma auf dem Inter-Campingplatz in Köpenick an. Wenigstens musste er dann freitags und sonnabends nicht mitten in der Nacht zur Friedrichstraße.«

Von solchen Eskapaden hatte ich aus dem Vorderhaus bisher nichts gehört, weder von Christa Kern, Catrin Przewozny noch

Veronikas Freund Hector aus Guadeloupe in den 70er-Jahren

von Hannelore Morgenstern, und von Parteisekretär Bohnke ganz zu schweigen, der führte ja seinen ganz eigenen Kampf gegen promiske Zeitgenossen.

Auch die Ulrichs konnten liebes- und leidenschaftsmäßig nicht mit den Nachbarn im Seitenflügel mithalten. Meine Eltern hatten sich festgelegt, sich füreinander entschieden und schafften es außerdem konsequent, sich niemals im Beisein von uns vier Kindern zu streiten. Meinungsverschiedenheiten besprachen sie wohl abends im Bett.

Das Schlafzimmer schlossen meine Eltern nachts von innen zu. Natürlich hatte das nicht nur mit geheimen Gesprächen, sondern auch mit ihrem Liebesleben zu tun, aber darauf wäre ich damals nie gekommen. Es war zu der Zeit nichts Besonderes, dass

Eltern ihr Schlafzimmer nachts verschlossen. Heute haben Kinder in Berlin-Mitte bis in die Pubertät hinein uneingeschränkten Zugang zu den Schlafzimmern ihrer Eltern. Manch kleiner Racker darf sogar die ganze Nacht bei Mama und Papa schlafen. Sich aus egoistischen Gründen im eigenen Schlafzimmer einzuschließen, gilt als geradezu unverantwortlich, der ausgesperrte Nachwuchs könnte dadurch ja schwere emotionale Schäden erleiden. Mit Kind auf der Besucherritze ist das Liebesleben dann natürlich sehr eingeschränkt.

Aber warum ging es im Seitenflügel unseres Hauses offenbar leidenschaftlicher zu als im Vorderhaus? Vielleicht ganz einfach, ein sich immer wiederholender Zyklus: Wenn junge Menschen zu Hause ausziehen, dann landen sie fast immer zunächst im Seitenflügel, weil sie sich die kleinen Wohnungen dort am ehesten leisten können. Weil sie jung sind, lieben sie dort natürlich leidenschaftlich, trennen sich, verlieben sich neu, irgendwann ziehen sie dann in größere Wohnungen, meist in ein Vorderhaus, weil sie glauben, dass sie dafür jetzt den richtigen Partner gefunden haben, und gründen eine Familie. Später ziehen die eigenen Kinder in kleine Seitenflügelwohnungen und alles wiederholt sich.

»Oh ja, leidenschaftlich ging es zu zwischen uns«, stöhnt Veronika Puder. Irgendwann fing sie an, mit Tellern oder Tassen nach Hector zu werfen. Da war schon Denise auf der Welt, Hectors Kind.

Was sie immer öfter nervte, war dieser Typ, der jetzt ständig zu Besuch war, dieser Sachse, mit dem Hector stundenlang am Tisch saß und leise irgendwelche Sachen besprach. Keine Ahnung, worum es da ging. Vielleicht war der Kerl von der Stasi, wer weiß. Veronika wollte den jedenfalls nicht mehr in ihrer Wohnung sehen, das hat sie Hector auch klipp und klar gesagt.

Der Sachse tauchte dann tatsächlich nicht wieder auf, allerdings verschwand auch Hector, für immer und für sie unerreichbar in Westberlin.

Veronika Puder hatte in der Wilhelm-Pieck-Straße zum zweiten Mal einen Mann verloren. Vielleicht spielte auch das eine Rolle, jedenfalls wollte sie in den 1980er-Jahren unbedingt eine Neubauwohnung in Marzahn. »Das war total ungewöhnlich«, erzählt mir Klaus Bädicker, der seinerzeit im kommunalen Sanierungsbüro in der Wilhelm-Pieck-Straße arbeitete. »Die Leute hier blieben lieber in ihren Bruchbuden mit Außenklo wohnen, als nach Marzahn zu ziehen.«

Veronika Puder dagegen erinnert sich an das Glücksgefühl in den ersten Tagen in ihrer Marzahner Zweieinhalb-Zimmer-Wohnung. »Es war überall warm, es gab eine Heizung! Und ich konnte meine beiden Mädchen in die Badewanne setzen. Das war wie ein Traum.«

Seit ein paar Jahren lebt sie wieder mit einem Mann zusammen, Jaqueline und Denise wohnen auch gleich um die Ecke. Hector, das hat ihr jemand erzählt, ist vor ein paar Jahren an Krebs gestorben. Zuletzt soll er wieder auf Guadeloupe gewohnt haben. Ihre Nachbarin Susanne Brückner dagegen ist spurlos verschwunden. Irgendwann hieß es mal, die sei nach Australien ausgewandert. Ihre Tochter Nicole ist dort wohl sogar ein berühmtes Model geworden. Ob ich das nicht mal rausfinden könnte? Ein Supermodel aus der Wilhelm-Pieck-Straße 94? Was für eine Vorstellung!

Warum hatte ich noch nie im *Kurier* oder in der *B.Z.* die Schlagzeile gelesen »Super-Model: Meine Kindheit in der Torstraße«?

Ich wollte Nicole Brückner finden. Wahrscheinlich würde sie sich dort unten in Australien jetzt Nici Bruckner nennen, überlegte ich, und tippte ihren Namen im Internet in unzählige Suchfenster. Bei Facebook lernte ich ein halbes Dutzend Nici Bruckners kennen, keine allerdings war Model in Australien. Im Hausbuch hatte ich immerhin Nicoles Mutter Susanne entdeckt. Bei deren Geburtsort stutzte ich: Bergisch-Gladbach. Kam von dort nicht auch Heidi Klum? Gab es da einen Zusammenhang? Ich rief sämtliche Brückners in Bergisch-Gladbach an. Niemand kannte Nicole. Irgendwann landete ich auf einer englischen Seite, die Jobs in der Filmbranche vermittelt. Dort tauchte eine Nici Brückner als Regisseurin und Produzentin auf. Ich klickte ihre Biografie an und las »Nici Brückner was born in Freiberg, the former East Germany. Until the age of 12 she lived in East Berlin and later moved with her German mother Susanne Brückner to Tasmanian/Australia.«

Aufgewachsen in Ostberlin, der Name der Mutter, alles stimmte, das musste sie sein! Von Super-Model wurde allerdings nichts in der Vita erwähnt. Stattdessen stand dort der Satz: »Nici Brückner moved back to Berlin in 2011 with her family.« Nici lebte wieder in Berlin! Zwei Klicks weiter hatte ich ihre deutsche Mobilnummer und ein Foto. Die Frau auf dem Bild sah aus wie eine Popsängerin, strahlendes Lächeln, hohe Wangenknochen, dunkler Teint, die langen Haare zur Rastafrisur geflochten.

»Lass uns früh um neun in der Torstraße treffen«, schlug sie am Telefon vor, »allerdings nicht vor der 94, sondern an der Metropolitan School.« Jeden Morgen bringt Nici ihre beiden Kinder aus Charlottenburg zur englischsprachigen Schule in die Torstraße. Die gilt als eine der besten, aber auch teuersten ihrer Art in Berlin. Eigentlich können sie und ihr Mann sich die Schule gar nicht leisten, sagt sie fast entschuldigend, aber für ihre Kinder sei die Metropolitan ideal. Und gleich noch ein Geständnis: Am liebsten würde sie wieder in unserer alten Straße wohnen.

Sie sagt tatsächlich »unsere Straße«. Bisher hatte ich nur Nachbarn getroffen, die weggegangen und nie wieder zurückgekommen waren. Ich kam mir manchmal geradezu spießig vor: über fünf Jahrzehnte und ich hockte noch immer oder schon wieder hier in Berlin-Mitte.

Jetzt aber waren wir immerhin zwei »Spätheimkehrer«, die es nach Jahrzehnten wieder zurück zog – mit dem kleinen Unterschied, dass Nici zwischendurch ein Vierteljahrhundert in Australien gelebt und eine Super-Model-Karriere hingelegt hatte.

Sie und ich schlenderten zu einem Café um die Ecke. Ich nahm mir vor, nicht gleich nach der Model-Karriere zu fragen, sondern erst mal nach unserem gemeinsamen Haus.

*Nici Brückner (*1970)*

1973–1976, Seitenflügel
2. Etage rechts

»Es hat gestunken, furchtbar gestunken. Noch heute, nach vierzig Jahren, habe ich diesen säuerlichen Geruch in der Nase und das Bild dieser dicken Frau, bei der meine Mutter und ich zur Untermiete wohnten. Dieser Gestank hatte irgendwie mit Milch und selbst produziertem Quark zu tun«, erzählt Nici Brückner.

Ob sich die Wirtin »dicke Milch« machte? Unglaublich, aber wahr, das galt damals als süße Delikatesse, obwohl es sich um nichts Anderes handelte, als drei Tage alte Milch, bestreut mit Zucker und Zimt.

Außer an den speziellen Geruch erinnert sich Nici an die im Seitenflügel fast immer offenen Wohnungstüren und an die Nachbarskinder, die sie immer besuchten, um gemeinsam zu spielen. Nachdem ein Bekannter ihrer Mutter sich nach Westberlin abgesetzt hatte, wollte die auch in den Westen und stellte einen Ausreiseantrag nach dem anderen.

Unten vor der Haustür standen jetzt oft Leute von der Stasi, auch später, als sie im Friedrichshain wohnten. »Die hat man immer so schön an den Shiny shoes erkannt«, lacht Nici, der immer mal ein paar Anglizismen in den Redefluss geraten. Agenten mit blank polierten Schuhen. Sollte ich vielleicht doch mal bei der Stasi-Behörde anfragen, ob es Unterlagen zu unserem Haus gibt? Aber nicht mal Nici Brückner und ihre Mutter waren sich sicher, ob sie den Inhalt irgendwelcher Akten überhaupt wissen wollen. »Dass meine Mutter der Stasi suspekt war, ist ja kein Wunder«, meint sie und fasst das Leben der Mutter im Zeitraffer zusammen: »Aufgewachsen in Bergisch-Gladbach und als Kind in die DDR gekommen. Das war schon mal verdächtig. Dann waren da dauernd diese Afrikaner, nicht nur mein Vater Diouf, der aus dem Senegal kam, auch andere. Später hockten bei uns dann immer jede Menge oppositionelle Künstler, tranken Rotwein, rauchten und diskutierten nächtelang. Das war für die Stasi alles irgendwie beunruhigend.« Nici erzählt das alles mit einem feinen Lächeln und sieht mich mit warmen braunen Augen an, ohne Hass auf irgendjemanden, eher so, wie eine Regisseurin über ihren eigenen Film spricht. Eigentlich müsste sie die Geschichte ihrer Mutter tatsächlich mal verfilmen, gibt sie zu. Sollte sie machen, denke ich.

Mitte der 70er-Jahre standen also eine Zeit lang Stasileute vor unserer Haustür. Im Seitenflügel wohnte eine Mutter mit einem kleinen dunkelhäutigen Mädchen. »An rassistische Äußerungen im Haus kann ich mich nicht erinnern. Stress gab es erst in der Schule, als mir immer wieder Mitschüler auf dem Heimweg auflauerten und mich hänselten, weil ich anders aussah.« Eines Tages aber musste sie sich wehren und hat einem besonders gemeinen Jungen kräftig eine gescheuert, wie sie sagt. Von dem Tag an hatte sie ihre Ruhe. Sie wollte doch einfach nur dazugehören und so sein wie die anderen, auch anschließend im Westen.

Sie zwar zwölf, als ihre Mutter die Ausreise endlich durchgeboxt hatte. Doch so spießig, wie in der rheinland-pfälzischen Provinz, in der sie dann gelandet waren, hatten sich Mutter und Tochter die Freiheit nicht vorgestellt. Nici Brückner grinst. »Okay, in der Wilhelm-Pieck-Straße hatten wir die Stasi vor der Tür, aber im Osten hatten wir auch viele Freunde, die passten alle unheimlich gut aufeinander auf. Das gab es drüben nicht. Da

Nici Brückner auf dem Catwalk in Melbourne, Mitte der 90er-Jahre

galt das Motto ›jeder für sich‹. »Ein kapitalistischer Horrortrip war das«, erinnert sie sich. Deshalb packten die Brückners bald schon wieder die Koffer und gingen nach Australien.

Dort, genauer auf der Insel Tasmanien, fanden beide dann tatsächlich ihre Freiheit. In den 80er-Jahren gab es dort Hippies, Yoga, Reiki und eine Waldorfschule für Nici, die anschließend Kunstdesign studierte und eigenen Schmuck entwarf. Ihr Label nannte sie, in Anlehnung an den Namen ihres Vaters, Diouf.

Und was ist dran an der Sache mit dem Super-Model? Sie lacht. Ja, sie hat gemodelt. Aber Super-Model sei der falsche Begriff, »dazu hätte ich weltweit bekannt sein müssen. Das war ich nie. Auf den Modemessen in Melbourne allerdings haben sie mich gekannt. Melbourne ist die Modemetropole Australiens. Dort war ich tatsächlich ein paar Jahre lang ein angesagtes Model, und zwar für richtig tolle Abendkleider.«

Schade, kein Super-Model. Obwohl die Laufsteg-Fotos, die sie mir ein paar Tage später per E-Mail schickt, absolut professionell aussehen. Ich beschließe, Nici Brückner war doch ein Super-Model, basta.

In ihrem wirklichen Leben wurden die Model-Jobs irgendwann immer seltener, sie studierte an der Filmhochschule, lernte ihren späteren Lebenspartner, einen Australier, kennen und bekam zwei Kinder. Doch irgendwann packte sie die Unruhe, sie wollte weg, musste einfach weg. »Diese Unruhe habe ich wohl in den Genen – von der Mutter geerbt.« Vor ein paar Jahren überredete sie ihre Familie zu einer Weltreise. Zwei Jahre lang waren sie unterwegs, bis Singapur mit dem Flugzeug, von dort mit Bus und Bahn durch Südostasien, China und anschließend quer durch Russland, in Berlin war der Trip zu Ende. »Dass wir ausgerechnet hier hängen bleiben, war nicht geplant, ehrlich. Wir waren einfach pleite und hatten kein Geld für den Rückflug.«

Mittlerweile lebt Nici Brückner mit ihrer Familie seit fünf Jahren in Berlin. Die Kinder sprechen inzwischen perfekt deutsch. Nici arbeitet an verschiedenen Filmprojekten, produziert eine Dokumentation über Kinder schwarzer Väter und weißer Frauen, die sogenannten »Rheinlandbastards«. Mit diesem Begriff wurden Kinder tituliert, die nach dem Ersten Weltkrieg im besetzten Rheinland aus Verbindungen schwarzer französischer Soldaten und weißer deutscher Frauen hervorgegangen waren. Von den Nazis wurden Hunderte dieser Kinder zwangssterilisiert. Die Arbeit an dem Film ist für Nici Brückner auch ein Stück Suche nach der eigenen Identität, sagt sie selbst.

Sie würde gern wieder in der Torstraße wohnen. Die Gegend ist nun mal ihre Heimat. Eine Vier-Zimmer-Wohnung wäre das Richtige, aber die kostet in Mitte mindestens 1.400 Euro, viel zu viel.

Ihre Kinder, die mit Berlin lange nicht warm wurden, wollen inzwischen unbedingt hier bleiben, am liebsten für immer. Nici aber spürt schon wieder diese Unruhe. »Eigentlich«, denkt sie laut vor sich hin, »möchte ich drei Zuhauses haben, eine Wohnung in Berlin, ein Haus in Australien und noch eins, irgendwo, wo es schön ist.«

Klingt so, als könnte ich schon bald wieder allein sein, als »Spätheimkehrer« bei uns im Viertel.

Nici Brückner hatte ich übers Internet gefunden, weil sie noch immer ihren Geburtsnamen trägt. Sie und ihr Mann sind seit vielen Jahren ein Paar. Geheiratet haben sie jedoch nie. Wobei heiraten auch in Berlin-Mitte inzwischen nicht mehr automatisch bedeutet, dass Paare sich auf einen gemeinsamen Familiennamen verständigen. Oft behält jeder seinen eigenenen bei. So etwas war früher in unserem Haus undenkbar, wie man dem Hausbuch entnehmen kann. Insgesamt 32 Ehepaare hatten zwischen 1953 und 1989 in der Wilhelm-Pieck-Straße 94 gewohnt. Stets trugen beide Ehepartner denselben Namen, und zwar den des Mannes, obwohl es seit den 60er-Jahren erlaubt war, gemeinsam auch den der Frau zu führen.

Ruth Radelow, Jahrgang 1937, hat nie geheiratet. Was selbstverständlich auch eine Möglichkeit war, den eigenen Familiennamen zu behalten. Ruths Eltern zogen im März 1933 in unser Haus, damals war das noch die Lothringer Straße 63. Die Radelows blieben ein Vierteljahrhundert, bis 1959.

Irgendetwas verwunderte mich daran. Vielleicht hatte ich mir einfach nicht vorgestellt, dass Menschen vor und nach 1945 in ein und derselben Wohnung gewohnt haben können. War das Kriegsende nicht eine Stunde Null gewesen, auch was die Wohnorte der Menschen anging, hatten nicht Millionen Flüchtlinge und Ausgebombte ihr Zuhause verloren?

In meiner Kindheit gehörten Erzählungen vom »ausjebombt sein« zum Standardrepertoire jeder Familienfeier. Die Erwachsenen überboten sich dann mit Berichten, wer sein Zuhause im Krieg am häufigsten verloren hatte. Die Spitzenposition reklamierte stets meine Oma für sich mit den Worten, »dreimal ausjebombt, allet verloren«.

Es gab aber auch noch ganz andere Gründe, den Wohnort innerhalb von Berlin zu wechseln, wie zum Beispiel bei Onkel Lothar. Der war Volkspolizist, hatte mit seiner Familie eine schicke Neubauwohnung an der Chausseestraße bezogen und sich sogar einen Fernseher angeschafft – wer besaß so etwas schon 1960?! Kurz vor dem Mauerbau war er dann »abgehauen«, wie die Erwachsenen es nannten. Bei den Familienfeiern in der Wilhelm-Pieck-Straße ist er später nie wieder aufgetaucht. Es hieß, er müsse jeden Tag von früh bis spät arbeiten, habe in Spandau gleich mehrere Hauswartjobs, um die Konsumwünsche seiner Frau zu erfüllen. Die wollte alle zwei oder drei Jahre neue Möbel oder ein neues Auto haben, um damit vor den Nachbarn anzugeben. »Das ist nun mal bei uns im Westen so«, klärte uns Tante Rosi auf, die ebenfalls kurz vor 1961 »rübergemacht« war, »haste was, biste was. Haste nichts, biste nichts.« Auch das Angeben mit Urlaubsreisen sei verbreitet, erklärte sie der staunenden Ostverwandtschaft, und dass manche Westler, die sich den Sommertrip nach Spanien oder Italien nicht leisten konnten, einfach nach den Ferien so taten, als ob sie am Mittelmeer gewesen wären. »Die packen sich ein paar Tage lang unter die Höhensonne und lernen den Reiseführer auswendig.« Ganz schön anstrengend das Leben in Westberlin, staunte ich als Neunjähriger.

Ob ausgebombt oder abgehauen, unsere Familie war kreuz und quer verteilt über Berlin, von Spandau bis Lichtenberg, niemand von den Erwachsenen wohnte noch dort, wo er vor dem Krieg gelebt hatte. Aber das Haus meiner Kindheit hatte Glück gehabt, keinen Bombentreffer abbekommen, und es gab tatsächlich Familien, wie diese Radelows, die dort vor und nach Kriegsende wohnten.

Würde Ruth Radelow mir etwas über unser Haus in den Jahren vor 1945 erzählen können?

Als ich sie anrief, war es, als hätte sie schon lange darauf gewartet. Ein paar Tage später saßen wir in einem Café am Rosenthaler Platz und Ruth Radelow zog zwei A4-Blätter aus ihrer Handtasche. Das handschriftliche Mieterverzeichnis von 1945.

1937–1958, Vorderhaus
1. Etage links

Ihr Vater war der Luftschutzwart des Hauses, so erzählt sie. Kurz vor Kriegsende hatte er alle Bewohner der Lothringer Straße 63 aufgelistet, vierzehn Kinder und fünfzig Erwachsene. Vermerkt sind Namen, Geburtsdaten, Berufe und Religion und es gibt die Rubrik »Pg.«, also Parteigenossen der NSDAP. Von denen gab es zwei, einen vierzigjährigen Maurer im Vorderhaus und eine sechsundsechzigjährige Witwe im Seitenflügel, zwei von fünfzig Erwachsenen. Ein richtiges »Nazi-Haus« scheint die Lothringer Straße 63 nicht gewesen zu sein.

1945 jedoch war nicht die Zeit für Differenzierungen. »Die Russen schossen vom heutigen Rosa-Luxemburg-Platz her mit Granaten in die Straße rein«, erinnert sich Ruth Radelow und dass es den Helmut Renner noch am 30. April erwischt hatte. »Der wohnte mit seinen neun Geschwistern und den Eltern in der großen Wohnung in der zweiten Etage. Der Vater war Schneidermeister an der Volksbühne. Jedenfalls war der Helmut erst vierzehn Jahre alt und sollte seinem Vater Zigaretten holen vom Rosenthaler Platz. Als Helmut raus ist aus der Haustür, hat ihn ein Granatsplitter getroffen. Er war auf der Stelle tot. Helmut war unser einziger Kriegstoter damals.« Gestorben, um seinem Vater im russischen Granathagel Zigaretten zu besorgen. Was für ein absurder Tod. Ob der Schneidermeister später das Rauchen aufgegeben hat? Ich habe es nicht herausgefunden. Die Renners sind kurz nach dem Krieg aus unserem Haus verschwunden, niemand weiß wohin.

Ich kaufe mir gelegentlich Zigarillos in einem kleinen Tabakwarenladen am Rosenthaler Platz. Der Kiosk-Inhaber ist ein immer freundlicher Mittdreißiger. Natürlich ist es ziemlich unwahrscheinlich, dass der Junge damals ausgerechnet hier die Zigaretten für seinen Vater besorgen sollte, aber jedes Mal, wenn ich nun das Geschäft besuche, muss ich an den jungen Helmut Renner denken.

»Am 6. Mai 1945 erreichte der erste Russe unser Haus. Vergewaltigungen gab es hier nicht«, erzählt Ruth Radelow weiter. »Dafür sorgte der alte Chilewski, der polnische Schuster, der auf dem Hof seine Werkstatt hatte und sich sofort mit den Russen verbrüderte, tagelang hat er mit denen gesungen und gesoffen. Weil es so warm war im Mai '45, badeten die Soldaten im Hof in einer großen Wanne, die sie aus einer Wohnung hinuntergeschleppt hatten.«

In Ruth Radelows Erzählung klingt das alles irgendwie fröhlich. Einmal allerdings hatte sie richtig Angst. Als ein angetrunkener Rotarmist im Hausflur plötzlich mit seiner Pistole auf sie zielte, als würde er sie auf der Stelle erschießen wollen. Der Soldat hat dann tatsächlich geschossen, aber da war Ruth bereits die Treppen hinaufgerannt und hatte sich in Sicherheit gebracht.

Erzählungen über sowjetische Soldaten, die betrunken mit Pistolen auf Zivilisten zielten, habe ich in meiner Kindheit nie gehört. Aus der Schule kannten wir stattdessen die Geschichte vom Sowjetsoldaten, der in den letzten Kriegstagen ein deutsches Baby aus dem Kugelhagel gerettet hatte. Als später an der Oberschule mein Freund Ralf berichtete, die Russen hätten 1945 in Berlin seine Oma vergewaltigt, glaubte ich ihm kein Wort. Solche Geschichten waren damals tabu. »Hätten sie aber nicht

*Ruth Radelow war acht
Jahre alt als der Krieg
endete, um 1945*

sein müssen«, sagt Ruth Radelow. »Die Russen hatten so viel
Schreckliches durchgemacht. Die Millionen Toten dort, das ganze Land zerstört, dass die so eine Wut hatten, als sie hierher kamen, war doch klar.«

Keine Vergewaltigungen bei Kriegsende, nur zwei NSDAP-
Mitglieder. Ich war soweit zufrieden mit meinem Haus. Zwar
gab es diese SS-Uniform, die meine Eltern im Keller fanden und
die angeblich dem Sohn der Hausbesitzer gehört hatte, im Großen und Ganzen schien sich das Haus in der Lothringer Straße
anständig gehalten zu haben in diesen braunen Zeiten.

Einen echten Widerstandskämpfer hätte ich allerdings gern
noch unter meinen Vormietern gehabt. Ich gab die Namen der
Mieterliste von 1945 in die Suchmasken diverser Geschichtspor-
tale ein. Es wäre doch für uns alle, die wir jemals in diesem Haus

gelebt haben, toll zu wissen, wenn es unter den Bewohnern einen richtigen Nazi-Gegner gegeben hätte. Ich frage Ruth Radelow, ob der Einmarsch der Russen für jemanden im Haus eine Befreiung war.

»Ja, für die Fleischers war der 8. Mai tatsächlich der Tag der Befreiung«, antwortet sie und tippt dazu in der Mieterliste von 1945 auf die Namen Siegfried, Frieda und Manfred Fleischer.

Waren die Fleischers Kommunisten? »Nein, das waren Juden. Die haben ganz oben gewohnt, im Vorderhaus. Die Hauswirtin hat immer ein bisschen die schützende Hand über die Fleischers gehalten, vor allem über Frau Fleischer und das Kind.«

Schützende Hand? Eine jüdische Familie, die bei uns im Haus den Holocaust überlebt hatte und dabei auch noch ganz offiziell angemeldet war bis 1945? War unsere Hauswirtin Marie Höffler, nebenbei gesagt die Mutter besagten SS-Hauptsturmführers, eine Juden-Retterin? Bei Wikipedia öffnete ich die Liste der »Gerechten unter den Völkern«. Die Namen von 525 Deutschen, die verfolgten Juden geholfen haben, sind dort aufgeführt. Ich scrollte die Liste hinunter H, Hö, Höf, Höfler. Elise Höfler lebte in einem kleinen Ort in Süddeutschland. Gemeinsam mit ihrem Mann hatte sie fast dreißig Verfolgten die Flucht in die Schweiz ermöglicht. Bei »Höfler« ist aber ein »f« zu wenig, die Hauswirtin in der Lothringer Straße hieß Höffler. Vielleicht war die Geschichte von der Hauswirtin, die die dreiköpfige jüdische Familie gerettet hatte, einfach noch nicht bekannt? Ich schaute mir den Eintrag in der Mieterliste genauer an: Siegfried Fleischer, Jahrgang 1910, geboren in Oberschlesien, katholisch, Frieda Fleischer, 1906 in Bremen geboren, evangelisch, Hausfrau, und Manfred Fleischer, geboren 1940 in Berlin, katholisch. Wie kam Ruth Radelow darauf, dass die Fleischers Juden waren? Hatte sie da, siebzig Jahre nach Kriegsende, vielleicht doch etwas durcheinander gebracht?

»Nein«, beharrt sie, »die Fleischers waren Juden! Ich werde das ja wohl wissen. Der Manfred war wie mein kleiner Bruder, das war so ein ganz dünner, niedlicher Junge mit dichtem schwarzem Haar. Wir haben jeden Tag miteinander gespielt, bis er und seine Mutter 1948 nach Israel ausgewandert sind. Von ihrem Mann hatte sich Frau Fleischer da schon getrennt. Später hat sie noch jahrelang Briefe geschrieben an unsere Hauswirtin. So haben wir alle erfahren, dass sie in Israel nochmal geheiratet hat und Manfred sich dann umbenannt hat in Benjamin. Gesehen habe ich ihn leider nie wieder. Der müsste jetzt auch schon über siebzig sein.«

Vielleicht hatten die Fleischers das mit der katholischen beziehungsweise evangelischen Religion im Mieterverzeichnis nur zur Tarnung angegeben. Aber ließ sich die Gestapo dadurch wirklich täuschen? Die hatte doch schon Jahre vor den Deportationen sogenannte Judenkarteien angelegt. Prangte in den Kennkarten von Juden nicht dieses große J und waren Juden seit 1941 nicht gezwungen, einen gelben Stern zu tragen? Wie also hatte diese Familie die Nazizeit überlebt?

Die Fleischers sind 1948 ausgewandert, die Ulrichs erst zwölf Jahre später in das Haus eingezogen. Ich rufe meine Mutter an, frage, ob sie jemals von den Fleischers gehört hatte. »Nein, nie.« Auch in Schleswig-Holstein frage ich nach, bei Catrin Przewozny, denn sie und ihre Eltern lebten später in jener Wohnung, in der bis 1948 die Fleischers zu Hause waren. Vielleicht kamen die ja in den 80er-Jahren mal aus Israel zu Besuch und haben bei den Przewoznys geklingelt, um sich ihre alte Wohnung anzuschauen. Doch auch Catrin Przewozny hat nie etwas von den Fleischers gehört.

»Wobei«, sagt sie, »da gibt es eine interessante Parallele zwischen diesem Manfred und mir selbst. Wir beide sind im Kindesalter aus dieser selben Wohnung aufgebrochen zu einer Reise ins Ungewisse. Manfred 1948 nach Palästina und ich 1990 in jenes Dorf, hoch oben in Schleswig-Holstein.« Ich soll ihr unbedingt berichten, was aus Manfred geworden ist, bittet sie mich.

Zunächst fragte ich im Bundesarchiv in Berlin-Lichterfelde an, ob es zur Lothringer Straße 63 Ergänzungskarten der Volkszählung von 1939 gibt. Bei jener Volkszählung hatten die Nazis erstmals flächendeckend Angaben zur »rassischen Abstammung« erhoben. Die Angaben auf diesen Ergänzungskarten halfen der Gestapo später, die Deportationslisten zusammenzustellen. Wenn die Fleischers im Mai '39 bereits in der Lothringer Straße 63 wohnten und nach den Kriterien der Nürnberger Rassengesetze Juden waren, müsste das aus der entsprechenden Karte hervorgehen.

Es ist tatsächlich eine Karteikarte im Bundesarchiv vorhanden. Hinter dem Namen Siegfried Fleischer ist die Buchstabenkombination NNJJ, hinter Frieda Fleischers Namen JJNN angegeben. Der Buchstabe J bedeutet jüdisch, N nichtjüdisch. Der erste Buchstabe steht für den Großvater väterlicherseits, der zweite für die Großmutter väterlicherseits, der dritte für den Großvater mütterlicherseits, der vierte für die Großmutter mütterlicherseits. Siegfried Fleischer hatte also eine jüdische Mutter, Frieda Fleischer einen jüdischen Vater. Nach der Rassenideologie der Nazis waren beide damit sogenannte »Mischlinge ersten Grades«.

Das Bundesarchiv hatte mir noch die Kopie einer weiteren Karteikarte geschickt, eine zu Fleischers Nachbarn, den Eheleuten Charles und Alice Rönnekamp. Hinter dem Namen des Mannes sind die Buchstaben NNNN vermerkt, zur Abstammung der Frau stand JJJJ auf der Karte. Nach den NS-Abstammungskriterien war Alice Rönnekamp eine sogenannte Volljüdin.

Auf der Mieterliste von 1945 taucht der Name Rönnekamp nicht mehr auf. Was war mit dieser Alice geschehen? Hatte sie überlebt, weil sie mit einem Nichtjuden verheiratet war oder weil die Hausbesitzerin ihre schützende Hand auch über sie gehalten hatte? Das würde ich herausfinden.

Zunächst jedoch wollte ich die Geschichte der Fleischers verstehen. Frieda Fleischer wäre heute fast hundertzehn Jahre alt, vermutlich ist sie längst gestorben. Ihr Sohn müsste jetzt fünfundsiebzig Jahre alt sein, könnte also noch leben. Im Netz suchte ich nach Menschen in Israel, die Benjamin Fleischer heißen. Es gab drei. Ich schickte E-Mails, bekam freundliche Antworten, jedoch keiner der drei stammte aus Berlin. Als Nächstes forschte ich nach Frieda Fleischer. Auf einem jüdischen Friedhof in Florida fand ich das Grab einer Frieda Fleischer. Doch es war nicht die Frau, die ich suchte.

Nächster Versuch. Ich tippte den Namen Siegfried Fleischer und das Wort Jude in die Suchmaske und landete mitten in einem Buchmanuskript. Die Berliner Autorin und Malerin Jani Pietsch erzählt die Geschichte der Vertreibung und Ausplünderung jüdischer Familien aus Schöneiche, einem kleinen Ort bei Berlin. Eine dieser Geschichten ist die der Witwe Martha Fleischer und ihrer sieben Kinder. Eins dieser sieben Kinder hieß Siegfried. Jani Pietsch bestätigt mir am Telefon, dass es genau dieser Siegfried war, der mit seiner Frau Frieda in unserem Haus gewohnt hatte – in der Lothringer Straße 63. Ich erfahre gleich ein Stück Familiengeschichte. Die Fleischers stammten aus Oberschlesien, Siegfrieds Mutter war Jüdin, der Vater Katholik. Siegfried und seine Geschwister wuchsen katholisch auf.

In der Zeit vor den Nürnberger Gesetzen spielte das Judentum in der Familie keine Rolle. Aber die nationalsozialistische Rassenideologie machte aus Siegfried Fleischer einen sogenannten Mischling ersten Grades oder, wie es später im Nazijargon hieß, einen »Halbjuden«. Jani Pietsch erzählt mir auch, dass sie bei ihren Recherchen Nachfahren von Siegfried und Frieda Fleischer ausfindig gemacht hat. Wenige Tage später sitze ich in einem gemütlichen Reihenhaus im Berliner Südwesten.

Es ist wie zuvor bei Veronika Puder, Peter Merten oder Catrin Przewozny. Ich werde empfangen wie ein Familienangehöriger, wie ein Freund, es ist die Vertrautheit des gemeinsamen Hauses. Obwohl die Frau, die mir die folgende Lebensgeschichte erzählt, nie in unserem Haus gewohnt hat. Doch sie kennt die Geschichte von Frieda Fleischer.

Frieda Fleischer (1906–1999)

1938–1948, Vorderhaus
4. Etage rechts

»Tante Friedel hat zehn Jahre in der Lothringer Straße 63 gelebt. Aber sie hat später nie über diese Jahre gesprochen, weil das für sie so eine unglückliche Zeit war. Sie konnte solche Dinge perfekt ausblenden«, beginnt Sylvia Ruhe, die Nichte von Frieda Fleischer, zu erzählen. Sylvias Mutter und Frieda waren Schwestern.

Auf dem Couchtisch hat meine Gastgeberin Fotos ausgebreitet. Ich sei ja gewissermaßen ein Nachbar von Tante Friedel, erklärt sie und fragt mich augenzwinkernd, ob ihre Tante nicht wie eine Filmschauspielerin ausgesehen habe?

Tatsächlich hat Frieda Fleischer auf dem Foto etwas von einem UFA-Star, dunkle Kurzhaarfrisur, den Kopf leicht geneigt, große dunkle Augen, Mund leicht geöffnet, weißer Kragen und dazu eine Art dunkler Seidenkimono, eine Frau mit Stil und einer Portion Extravaganz. Das Porträt entstand 1933 in einem Magdeburger Fotoatelier.

Frieda war Ende zwanzig und verliebt in Rudi. Der gutaussehende Kürschner war ihre große Liebe, sagt Sylvia. Aber die Beziehung habe keine Zukunft gehabt, weil Frieda »Halbjüdin« war. Ehen zwischen »Halbjuden« und »Nichtjuden« waren ab 1935 verboten und da hat sie sich schweren Herzens getrennt von ihrem Rudi.

Friedas Vater führte in Magdeburg ein Spezialgeschäft für Wäsche, Damenstrümpfe und Kurzwaren. In der Nacht vor dem

Frieda, 1933 in einem Magdeburger
Fotoatelier aufgenommen

Novemberpogrom 1938 floh er aus Deutschland, ging nach Holland, kurze Zeit später nach Palästina und seine »nichtjüdische« Frau folgte ihm, ebenso drei seiner vier Töchter. Nur Frieda blieb zurück und zog nach Berlin, wo sie bei einem geselligen Abend im Verein nichtarischer Christen den gutaussehenden Möbeltischler Siegfried Fleischer kennenlernte. Auch Siegfried war nach den Kriterien der Nazis ein »Mischling«. Ehen zwischen »Mischlingen« wurden gerade noch geduldet. Siegfried und Frieda heirateten und zogen im Frühjahr 1938 in die Lothringer Straße 63.

Ob es für zwei sogenannte »Halbjuden« damals schwierig war, eine Wohnung zu finden, ob Vermieter besonders mutig waren, wenn sie an »Nichtarier« vermieteten? Sylvia Ruhe ist sich da nicht sicher. Sie glaubt, dass es für Frieda und Siegfried in

Frieda Fleischer, 1947 in Berlin

dieser Ecke von Berlin-Mitte zu dieser Zeit noch am einfachsten war, eine Wohnung zu finden, weil dort, in der Spandauer und in der Rosenthaler Vorstadt, 1938 noch viele Juden lebten. Über das Verhältnis zu den Nachbarn kann sie nichts sagen. Da Fleischers im Vorderhaus ganz oben wohnten, sind sie ihren Nachbarn wohl zwangsläufig oft begegnet, vor allem Frieda, denn die wurde plötzlich Hausfrau, obwohl sie gerne arbeiten wollte, erzählt ihre Nichte. Sie bewarb sich in allen großen Kaufhäusern, bei Woolworth, Hertie und bei Held, kassierte aber nur Absagen. Die wollten keine »Halbjüdin«, ist sich Sylvia sicher. Die Fleischers lebten von dem, was Siegfrieds kleine Werkstatt für Küchenmöbel einbrachte. Im Januar 1940 kam dann Manfred zur Welt, wurde katholisch getauft, wie sein Vater.

Ich erkläre Sylvia Ruhe, dass ich die Begriffe »Halbjude« oder »Mischling« furchtbar finde, dass es mir schwer fällt, diese Worte auszusprechen oder aufzuschreiben. Andererseits möchte ich verstehen, welcher Gefahr die Fleischers ausgesetzt waren, ob tatsächlich jemand in unserem Haus seine schützende Hand über die Familie gehalten hatte. Ruth Radelow war sich ja ganz sicher gewesen, dass die damalige Hausbesitzerin die Fleischers beschützt hatte.

Sylvia kann sich nicht erinnern, dass Tante Friedel mal irgendetwas in dieser Art erzählt hätte. Aber in Gefahr lebten die Fleischers schon, meint sie. Zwar mussten die beiden keinen gelben Stern tragen, aber gegen Kriegsende wurde die Judenverfolgung immer unberechenbarer. Siegfried hätten sie zum Beispiel mal zwei Wochen lang bei der Gestapo festgehalten, Frieda sollte Zwangsarbeit in einem Rüstungsbetrieb leisten. Jedenfalls versteckte sie sich dann mit dem Jungen bei Verwandten in Schöneiche bei Berlin. Siegfried Fleischer dagegen wohnte weiterhin in der Lothringer Straße, kümmerte sich um die kleine Möbelwerkstatt und seine zahlreichen Affären. Ein richtiger Schürzenjäger sei der gewesen. Deshalb ließ sich seine Frau kurz nach dem Krieg von ihm scheiden.

»Jetzt verstehen Sie vielleicht«, sagt Sylvia Ruhe, »warum Tante Friedel nicht so gern über die Jahre in der Lothringer Straße gesprochen hat. Judenverfolgung, Arbeitsverbot, ein untreuer Mann und fast die gesamte Familie lebte inzwischen schon in Palästina. Es gab nichts, was sie noch gehalten hat in Berlin. Deshalb ist sie mit Manfred 1948 ausgewandert.«

Warum bekam der Junge in Palästina einen anderen Vornamen? »Weil ›Manfred‹ kurz nach dem Krieg in Israel, das ging gar nicht. Dieser Name war einfach so furchtbar deutsch!« Der Achtjährige hieß jetzt Benjamin und Frieda heiratete noch einmal. Max Israel, ihr Mann, war bereits 1934 aus Berlin nach Palästina emigriert. 1953, Frieda Fleischer war bereits sechsundvierzig Jahre alt, wurde sie zum zweiten Mal Mutter, brachte Sohn Giora zur Welt. Die Familie war nun zu viert und lebte in einem Vorort von Tel Aviv.

War Frieda Fleischer jetzt glücklich? »Ja und nein«, weiß ihre Nichte. »Dass Friedel in Israel noch einmal eine große Liebe gefunden hatte, war für sie ein großes Glück. Aber heimisch geworden ist sie dort trotzdem nicht. Ihr Hebräisch reichte nicht einmal zum Einkaufen.

Als Anfang der 70er-Jahre ihr Mann plötzlich starb, ist sie wieder nach Berlin zurückgekehrt, ihre Lieblingsschwester war bereits einige Zeit zuvor aus Israel in die Stadt zurückgegangen. Allerdings ging Frieda Fleischer nicht zurück in die Lothringer Straße, die lag schließlich in Ostberlin. Sie zog in eine kleine Wohnung nach Charlottenburg und später in ein jüdisches Altersheim, wo sie 1999, mit fast dreiundneunzig Jahren, gestorben ist. Beerdigt wurde sie in Tel Aviv, an der Seite ihres Mannes.

Frieda (2. v. l.) und Max (r.) Israel beim Treffen mit Ben Gurion in Haifa 1968

Ob sie nach ihrer Rückkehr aus Israel noch einmal zum Haus in Berlin-Mitte fuhr, in dem sie von 1938 bis 1948 gelebt hatte? »Wahrscheinlich nicht«, meint ihre Nichte. »Friedel hat diese Zeit damals komplett verdrängt. Aber Manfred, der war wohl nochmal dort. Als seine Mutter zurück nach Berlin gegangen war, hat er sie regelmäßig besucht. Bis 1989 allerdings durfte er nicht in den Ostblock, das hatten die Israelis ihm verboten, weil er irgendeinen Job in der Rüstungsindustrie hatte oder beim Militär, darüber hat er nie gesprochen. Aber nach dem Mauerfall muss er wohl mal vor dem Haus seiner Kindheit gestanden und festgestellt haben, dass die Adresse nicht mehr Lothringer Straße 63 lautete.« Auf einem alten Klassenfoto notierte er anschließend mit Bleistift die neue Anschrift. Sylvia Ruhe entdeckte das Bild bei Manfreds Sohn in Tel Aviv und schickte mir eine Kopie.

Manfred Fleischer (Bildmitte oben) auf einem Klassenfoto von 1947

Bis 1948 besuchte Manfred Fleischer die 14. Volksschule in der Zehdenicker Straße. Heute ist in dem Gebäude das John-Lennon-Gymnasium untergebracht. In Mitte und Prenzlauer Berg gilt es als Statussymbol, sein Kind dorthin zu schicken.

Ich mailte dem Rektor eine Kopie von Manfreds Klassenfoto, berichtete von der Lebensgeschichte des ehemaligen Schülers und seiner Familie und fragte, ob sie sich am Lennon-Gymnasium für ihre eigene Vor-Geschichte interessieren. Ich könne den Kontakt zu Manfreds Sohn in Tel Aviv herstellen. Eine Antwort kam nicht.

Shay, so heißt Manfreds Sohn, möchte das Haus in der Torstraße unbedingt mal sehen, wenn seine Kinder, die Enkelkinder von Manfred, etwas älter sind. Dann will er zu Besuch in die deutsche Hauptstadt kommen. Sein Vater und Oma Friedel haben fast nie etwas von Berlin erzählt. Obwohl Manfred Fleischer bis zum Tod so durch und durch deutsch war, vor allem beim Auto fahren. »In Israel«, lacht Shay am Telefon, »fahren nämlich alle wie die Verrückten. Nur mein Vater hat immer vorschriftsmäßig geblinkt, überholt und war nie zu schnell. Und ich bin auch so ein bisschen deutsch. Das habe ich von ihm.« Manfred Fleischer ist 1999 gestorben, eines Tages im Vorgarten seines Hauses in Haifa.

Ich erzähle Ruth Radelow, dass ihr Spielkamerad aus der Lothringer Straße nicht mehr lebt. Inzwischen habe ich auch erfahren, was aus Siegfried Fleischer geworden war. Friedas untreuer Ex-Mann heiratete noch zweimal, lebte in den 50er-Jahren eine Zeit lang in den USA, arbeitete in einer der dort gerade entstandenen Geflügelfabriken und betrieb anschließend in Neukölln eine der ersten großen Hühnerfarmen Westberlins. 1973 ist Siegfried Fleischer gestorben. Ob die Hausbesitzerin in der Nazizeit tatsächlich ihre schützende Hand über die Fleischers gehalten hat, habe ich nicht herausfinden können.

Ruth Radelow war unterdessen noch etwas zu unserem Haus eingefallen. »Der Bankräuber!«, ruft sie ins Telefon. »Anfang der 50er-Jahre hat dieser berüchtigte Bankräuber bei uns im Haus gewohnt, der den Tresor Unter den Linden ausgeraubt und eine Millionenbeute gemacht hat. Aber dieser Bankräuber«, ist sich Ruth Radelow sicher, »steht garantiert weder im Mieterverzeichnis von 1945 noch im Hausbuch von 1953. Das muss irgendwann in den Jahren dazwischen gewesen sein.« Wenn ihr doch nur der Namen des Kerls einfallen würde, stöhnt sie.

Bankräuber, Millionenbeute? Wirklich erstaunlich, wo ich mit meinen Nachforschungen inzwischen gelandet war. Von einem Bankraub Unter den Linden hatte ich irgendwann schon gehört. War die Geschichte nicht sogar verfilmt worden? Ich klicke mich durchs Netz und lande bei der DEFA-Kriminalkomödie »Der Bruch«, einem Film aus dem Jahr 1989, in den Hauptrollen: Otto Sander, Götz George und Rolf Hoppe. Die

Ost-West-Koproduktion beruhte auf einem authentischen Fall.

Im Berliner Landesarchiv füllen die Ermittlungs- und Gerichtsakten dazu mehrere Schränke. Und tatsächlich: Ruth Radelows Erinnerung stimmte auch dieses Mal.

In der Nacht vom 6. zum 7. November 1951 raubte eine Bande den Tresor der Eisenbahnverkehrskasse aus und erbeutete dabei 225.000 D-Mark und 1,7 Millionen DDR-Mark. Die Ganoven hatten ihren Coup monatelang vorbereitet, in mühevoller Kleinarbeit eine dicke Eisenbetondecke durchbrochen und in jener Novembernacht schließlich Berlins am besten gesicherten Tresor geknackt.

Die Reichsbahn lagerte dort ihre Tageseinnahmen und die fälligen Gehälter für ihre Beschäftigten in beiden Teilen der Stadt, weshalb Geld in zwei Währungen im Tresor deponiert war.

Einige Tage nach dem Einbruch hingen überall an den Litfaßsäulen in Ostberlin riesige Fahndungsaufrufe. 10.000 Mark Belohnung wurden versprochen, darunter stand der folgende Text:

Wer kennt Walter Pannewitz?

Wegen mehrfach begangener schwerer Verbrechen wird der Schneider Walter Pannewitz, geboren am 20. September 1901 in Danzig, von der Volkspolizei gesucht.

Personenbeschreibung: Etwa 1,70 m groß, schwarzes Haar, schmales Gesicht. Besondere Merkmale sind dicke, kurze Finger und große Füße.

Für Hinweise, die zur Ergreifung des Täters führen, ist eine Belohnung von 10.000 Mark ausgesetzt.

Hinweise nimmt das Präsidium der Volkspolizei, Abteilung K, Berlin C2, Neue Königstraße 27–37, V. Stock, Zimmer 5217, Telefon 51 03 51, App. 61 97, oder jede andere Volkspolizeidienststelle entgegen.

Walter Pannewitz (1901–1981)

August–November 1951, Vorderhaus 4. Etage links

Den Mann auf den Plakaten kannte in der Wilhelm-Pieck-Straße 94 jeder. Nur leider war es zu spät, um im Polizeipräsidium am Alexanderplatz die 10.000 Mark Belohnung zu kassieren. Seit dem Einbruch in die Eisenbahnkasse ist Pannewitz nicht wieder aufgetaucht im Haus, ist genauso plötzlich verschwunden, wie er Monate zuvor gekommen war. Wenn man doch nur geahnt hätte, dass dieses »dünne Kerlchen mit den großen Füßen« ein dreizehnfach vorbestrafter Tresorknacker war, den seit Monaten schon die Westberliner Polizei suchte, und der deshalb hier im Osten untergeschlüpft war …

Pannewitz und seine Kumpane wollten sich im Sommer 1951 lediglich etwas Geld für die laufenden Ausgaben besorgen, denn allein die Steinbohrer, mit denen sie sich seit Monaten an der Tresorraumdecke der Eisenbahnkasse zu schaffen machten, kosteten ein Vermögen. Also brauchten sie Geld und das holten sie sich aus dem Safe eines Kreuzberger Fleischermeisters, sie erbeuteten 20.000 D-Mark und 20.000 Ostmark. Doch dabei ging etwas schief, ein Teil der Scheine wurde durch Brandstellen beschädigt. Einer von Pannewitz' Kumpeln wurde kurz darauf verhaftet, als er versuchte, bei einer Bank die beschädigten Scheine einzuzahlen. Würde dieser Komplize auspacken, wäre Pannewitz geliefert. Deshalb setzte sich der Kopf der Bande nach Ostberlin ab.

Hier war er erst mal sicher, denn in Berlin herrschte Kalter Krieg, auch bei der Polizei, sehr zur Freude der Ganoven. So gern die Westberliner Kripobeamten ihre Kollegen im Präsidium am Alexanderplatz um Unterstützung bei der Fahndung nach Pannewitz gebeten hätten, sie durften nicht, Anweisung von ganz oben.

Walter Pannewitz war also ziemlich sicher. Dass der meistgesuchte Ganove Berlins ausgerechnet in unserem Haus Unterschlupf fand, verdankte er dem Tipp seines alten Freundes Wilhelm Kremmin, der schräg gegenüber wohnte. Kremmin und Pannewitz kannten sich bereits seit ihren Kindheitstagen in Danzig und hatten inzwischen das eine oder andere Ding zusammen gedreht.

Kremmins Schwägerin Ida wohnte in der Nummer 94, also in unserem Haus, und hatte praktischerweise gerade ein Zimmer frei. Pannewitz zog bei ihr ein.

Ich kann mich an den Namen »Frau Kremmin« erinnern. Für mich, als Kind in den 1960er-Jahren, war sie eine von vielen grauhaarigen, alten Damen in unserem Haus. Unvorstellbar, dass diese Oma einst Berlins berühmtesten Bankräuber bei sich versteckt haben soll. Tatsächlich, so steht es in den Gerichtsakten, hatte Ida Kremmin keine Ahnung, wen ihr Schwager da bei ihr einquartiert hatte. Im Prozess war sie lediglich als Zeugin geladen und bestätigte, dass Pannewitz von August bis November, also in den letzten Monaten vor dem großen Bruch, bei ihr gewohnt hatte. Auch am Morgen nach dem Einbruch kehrte Pannewitz noch einmal in die Wilhelm-Pieck-Straße zurück. Vorher hatten die Gangster die Säcke mit der Beute im Keller einer Ruine versteckt.

Doch schon am folgenden Tag war Pannewitz wie vom Erdboden verschluckt. Das war auch besser so, denn schon kurz

Millionenraub Unter den Linden

Etwa 3,5 Millionen Ostmark und über 300 000 Westmark erbeuteten Tresoreinbrecher, wie erst jetzt bekannt wird, in der Nacht zum Mittwoch in den Räumen der Eisenbahn-Verkehrskassen, Unter den Linden 10 (Sowjetsektor). Sie plünderten sämtliche Kassenschränke aus und ließen nur einen Geldsack zurück, den sie vermutlich nicht mehr tragen konnten. Die Eisenbahn-Verkehrskasse wird tagsüber von drei und nachts von zwei „Volkspolizisten" bewacht.

Wie weiterhin verlautet, drangen die Tresorräuber durch ein Fenster im Parterre in das Gebäude ein. Sie schlichen sich an den im Empfangsraum sitzenden „Volkspolizisten" vorbei bis in ein Zimmer, das über dem Tresorraum liegt. Von dort aus durchstemmten sie die dreißig Zentimeter starke Decke und ließen sich in den Kellerraum, in dem die Geldschränke stehen, hinab. Die Safes wurden mit Schweißgeräten geöffnet. Auf dem gleichen Wege, auf dem sie eingedrungen waren, transportierten die Täter, ohne sich sonderlich zu beeilen, ihre Beute ab. Im „Volkspolizeipräsidium" war gestern über den Tresorraub angeblich noch nichts bekannt.

In die Straßenbahn gelaufen

Am Kurfürstendamm Ecke Fasanenstraße lief ein Passant in eine Straßenbahn der Linie 79 E. Die Besatzungen von zwei Feuerlöschzügen bargen den Verletzten und brachten ihn in ein Krankenhaus. Am Unfallort waren insgesamt fünf Feuerlöschzüge erschienen, weil mehrere Passanten von verschiedenen

„kurzfristigen" Kredit, den sie angeblich nur für Lohnzahlungen brauchte, wies sie eine „Forderung" an das Besatzungskostenamt Reinickendorf vor. Von diesem Amt, so erzählte sie ihrem Gläubiger, habe sie noch 135 000 Mark zu bekommen. Vor etwa vier Wochen reiste Frau Sch. in einem komfortablen Wagen, den sie auf Wechsel „gekauft" hatte, nach Westdeutschland. Bei ihrer Rückkehr wurde sie festgenommen. Die Polizei war ihr auf die Spur gekommen, als ein Gastwirt Anzeige wegen Zechprellerei erstattete.

Doppelselbstmord bei Schildhorn

Unweit der Halbinsel Schildhorn wurden am Donnerstag der einundfünfzigjährige Arbeiter Wilhelm Reetz aus Tempelhof und die fünfzigjährige Hedwig Raschke aus NO 18 von Wasserpolizisten tot aus der Havel geborgen. Die Toten waren mit den Händen aneinander gebunden. Die Polizei nimmt an, daß es sich um einen Doppelselbstmord handelt. Das Motiv konnte bisher nicht ermittelt werden.

Mit Sauerstoff-Schutzgeräten

Zwei Löschzüge der Feuerwehr waren notwendig, am Donnerstag einen Kellerbrand im Hause Kaiserin-Augusta-Straße 48, Tempelhof, einzudämmen. Aus bisher ungeklärter Ursache hatten Kellerverschläge und größere Kohlenvorräte Feuer gefangen. Die Löschtrupps konnten nur mit Sauerstoff-Schutzgeräten in die völlig verqualmten Keller eindringen.

Millionenraub: Meldung im Tagesspiegel *am 9. November 1951*

nach dem Einbruch in den Tresorraum der Eisenbahnkasse ging Wilhelm Kremmin der Ostberliner Polizei ins Netz. Der Mann, der in seiner Stammkneipe am Rosenthaler Platz gewöhnlich jede kleine Zeche anschreiben ließ, lud plötzlich wildfremde Menschen zum Trinken ein. Zwei Kripobeamte hefteten sich daraufhin eines Abends an Kremmins Fersen, der angetrunken zum Sophienfriedhof in die Bergstraße torkelte, dort unter einem Reisighaufen eine Schaufel hervorzerrte und zu buddeln begann. Neben dem Grab seiner 1945 an Typhus gestorbenen Tochter hatte Kremmin seinen Anteil an der Beute vergraben. Die Volkspolizisten verhafteten ihn an Ort und Stelle. Im Sommer 1952 wurde er vom Ostberliner Stadtgericht zu zwölf Jahren Zuchthaus verurteilt.

Sein Boss Walter Pannewitz aber blieb unauffindbar. Sich in der Kneipe so auffällig zu verhalten und auf diese Art zu verraten, wäre ihm nie passiert. Pannewitz, der während einer früheren Gefängnisstrafe das Schneiderhandwerk gelernt hatte, kleidete sich elegant, sprach Hochdeutsch, nur wenn er aufgeregt war, verfiel er in die Ganovensprache. Er besorgte sich falsche Papiere, lebte als höflicher, stets pünktlich zahlender Untermieter bei wechselnden Wirtinnen.

Irgendwann jedoch ließ seine Vorsicht nach, im Januar 1953 schnappte ihn die Westberliner Polizei. Pannewitz erhielt neun Jahre Zuchthaus, die er in Tegel bis auf den letzten Tag absitzen musste. 1962 kam der König der Berliner Geldschrankknacker wieder auf freien Fuß. Ein Reporter der *Berliner Morgenpost* stand mit am Gefängnistor, als Pannewitz seinen ehemaligen Aufsehern zurief: »Ihr werdet mich hier nie wiedersehen. Nun beginnt ein neues, stilles Leben.« Tatsächlich war es anschließend still um den einst berühmten Geldschrankknacker. Sehr still sogar. Pannewitz tauchte ab und hatte dafür wohl auch seine Gründe, schließlich war ein großer Teil der Beute aus dem Einbruch in der Eisenbahnkasse nie gefunden worden. Für die Ermittler von der Kripo und seine Ex-Kumpanen war klar, dass Pannewitz wusste, wo das Geld versteckt war. Doch, wie in den Monaten nach dem Einbruch, war der inzwischen über Sechzigjährige auch sofort nach seiner Entlassung wieder verschwunden.

Kein Zeitungsreporter, der ihn jemals wieder interviewte. Kein Eintrag in den Westberliner Telefonbüchern in all den Jahren nach seiner Entlassung. Im Telefonbuch von 1987 dann plötzlich tauchte er auf: Walter Pannewitz. Als Anschrift war ein Haus im Karwitzer Pfad in Berlin-Heiligensee angegeben, bemerkenswerterweise nicht weit entfernt vom Tegeler Knast, in dem Pannewitz neun Jahre verbracht hatte. Fühlte er sich hier sicher vor den Nachstellungen seiner einstigen Tresorknacker-

Pannewitz ist frei

Er will jetzt ein „neues, stilles Leben" beginnen

Ein feierliches Versprechen hat der Mann abgegeben, der kürzlich vorzeitig aus dem Zuchthaus Tegel entlassen wurde. „Ich werde nie mehr mit dem Gesetz in Konflikt geraten", das sagte der ehemalige „König der Geldschrankknacker". Sein Name: Walter Pannewitz. Seit 1954 saß er im Zuchthaus Tegel. Er, der „Schränker", hatte 1951 das Rififi Berlins geleitet, nämlich den Geldschrankeinbruch in die Eisenbahnkasse Unter den Linden (Ost-Berlin).

Walter Pannewitz

Damals durchstemmten die Täter in monatelanger Arbeit eine Decke zum Tresorraum und erbeuteten 225 000 Westmark und 1,7 Millionen Ostmark. Walter P annewitz, der neun Jahre Zuchthaus für den sensationellen Einbruch erhielt, hat sich in Tegel vorbildlich geführt. In der Schneiderei gehörte er zu den „fleißigsten und besten Leuten"...

Seine Abschiedsworte an die Aufseher, als er durch das Tor zur Freiheit schritt: „Ihr werdet mich nie mehr wiedersehen. Nun beginnt ein neues, stilles Leben."   K. G.

Meldung in der Berliner Morgenpost *am 17. Mai 1962*

Kollegen, weil die ihn so nahe am Knast vielleicht nicht vermuteten?

Im Frühjahr 2015 treffe ich in Heiligensee Lutz Pannewitz, der mich mit den Worten begrüßt: »Donnerwetter, Sie sind nach fast dreißig Jahren der erste, der nach meinem Vater fragt! Bis Mitte der 80er-Jahre haben regelmäßig Ex-Knackis angerufen. Nur, mein Vater war nicht der Walter Pannewitz, nach dem die gesucht haben. Vater war zufälligerweise nur ein Namensvetter, 1987 ist er gestorben.«

Wo der andere Walter Pannewitz gewohnt hat, konnte er mir leider nicht sagen.

Ich suchte weiter und landete auf dem Online-Portal der Berliner Meldebehörde. Das Landesamt für Bürger- und Ordnungsangelegenheiten, wie es offiziell heißt, bietet einen Auskunftsservice an, den ich nicht für möglich gehalten hätte, rein aus Gründen des Datenschutzes.

Die Sache kostet pro Auskunft 1,50 Euro, die sofort von der Kreditkarte abgebucht werden. Man tippt den Namen, das Geschlecht und das Geburtsdatum einer Person in die Suchmaske, drückt die Entertaste und hat zwei Sekunden später die Anschrift des Gesuchten. Das Verfahren verstößt offenbar nicht gegen das Recht auf informelle Selbstbestimmung und ist zum Beispiel ganz praktisch, wenn man nach Jahrzehnten ein Klassentreffen organisieren möchte. Alle Freunde und Kollegen, denen ich von diesem Auskunftsdienst erzähle, sind entsetzt, ich auch, zugegeben. Für 1,50 Euro jedenfalls erfahre ich, dass Walter Pannewitz nach seiner Haftentlassung in einem Mehrfamilienhaus in Alt-Tegel wohnte, also tatsächlich ganz nahe beim Tegeler Knast.

Ein paar Tage später sitze ich im Wohnzimmer von Margarete und Gerhard. Das Paar zog in den 70er-Jahren in eine Nachbarwohnung in jenem Haus in Alt-Tegel. »Der lebte wirklich sehr zurückgezogen«, erinnert sich Margarete. »Der hat eigentlich fast nie das Haus verlassen, hatte auch kein Auto, ist auch nicht in den Urlaub gefahren.« Ob sie denn mal in seiner Wohnung waren, frage ich. »Wenn Sie meinen, dass da Prunk und Gold war oder stapelweise Geld«, lacht Gerhard, »das war nicht der Fall. Der lebte sehr bescheiden.« Dass ihr Nachbar einst Berlins berühmtester Geldschrankknacker war, »davon hatten wir keinen blassen Schimmer«, meint Margarete und ergänzt, »man wäre dann vielleicht ja auch nicht so unbefangen gewesen. 1981 ist Pannewitz gestorben, Krebs. Margarete und Gerhard haben sich noch ein paar Jahre um das Grab gekümmert.

Als Walter Pannewitz 1962 aus dem Knast kam, stand bereits die Berliner Mauer, die Stadt war endgültig geteilt. Es ist eher unwahrscheinlich, dass er danach noch einmal in den Osten gefahren ist., um nach der Wilhelm-Pieck-Straße 94 zu sehen; als besonders sentimental galt der prominente Ganove eher nicht. Sein Kumpel Kremmin hatte sich im Gefängnis das Leben genommen, weil er sich, so berichteten Mithäftlinge, die Hauptschuld dafür gab, dass die Bande aufgeflogen war.

Heute erinnert in der Torstraße 94 nichts mehr an Walter Pannewitz, an den berühmtesten Geldschrankknacker Berlins. Gedenktafeln sind für Persönlichkeiten dieser Branche ja auch eher unüblich.

Aber wie wäre es mit einer ganz anderen Inschrift? Die wäre in jeder Hinsicht unumstritten und der Deutsche Konditorenbund würde sicher die Finanzierung gern übernehmen. Hier ein Textvorschlag: »In der hiesigen Konditorei gab es einst die besten Windbeutel Berlins. Das Konditorenhandwerk, Meister des guten Geschmacks«.

In diesem Fall muss ich nicht erst Frau Radelow fragen oder Akten in irgendeinem Archiv studieren. Ich habe den Geschmack von Brandteig und Schlagsahne bis heute auf der Zunge und den butterigen Duft in der Nase. Der Geruch zog durch Balken und Mauerwerk bis in unsere Wohnung direkt über der Konditorei. Wenn meine Mutter mich in den Tagen vor meinem Geburtstag fragte, welchen Kuchen ich mir wünsche, kannte sie die Antwort schon im Voraus: Windbeutel. Ganz Ostberlin deckte sich in der Wilhelm-Pieck-Straße 94 mit diesen Kalorienbomben ein.

Süßes hatte Tradition in dem Laden unter unserer Wohnung. Bis 1939 betrieb ein gewisser Franz Schade dort einen Schokoladengroßhandel. Die Geschäfte liefen – jedenfalls bis zum Kriegsbeginn – offenbar so prächtig, dass Schade mehr Platz brauchte und neue und größere Geschäftsräume am Alex und in Kreuzberg bezog. Anschließend übernahm Konditor Heinrich

Ring den Laden, übergab das Unternehmen in den 50er-Jahren an seinen Schwiegersohn und bis ins Jahr 2003 führten weitere Konditoren das Geschäft.

Heute erinnert nichts mehr an die süßen Zeiten. »Copyshop Clara« steht über dem Eingang der einstigen Konditorei. Wo früher der Verkaufstresen mit Obstkuchen, Torten und Baiser stand, summen jetzt Kopierer und Drucker im Standby-Modus. Es ist Vormittag und noch nicht viel los im Copyshop. Manfred Halwas und ich, wir dürfen uns ein wenig umschauen. Plötzlich ruft mein Begleiter »Hier!«

Manfred Halwas (*1935)

1977–1987, Konditorei Vorderhaus links

»Hier, diese Fliesen habe ich selbst angeklebt«, stellt Halwas fest. Tatsächlich sind die Wände im hinteren Teil des Copy-shops bis unter die Decke gefliest. Früher war das die Backstu-be. Anderthalb Jahre hat Manfed Halwas den Laden ausgebaut und dabei viel improvisiert. Den Backofen etwa fand er in Stral-sund auf einem Schrottplatz, ließ ihn wieder aufmöbeln, wie er sagt. Es gab ja solche Technik im Osten nicht ohne Weiteres zu kaufen. Als der Laden dann lief, wurden an manchen Tagen über fünfzig Torten verkauft. »Weil es kaum Obst gab und auch nur wenig Fleisch, vor allem gutes Fleisch, haben die Leute eben ersatzweise viel Torte und Kuchen gegessen«, glaubt Manfred Halwas.

Für ihn als Konditor hat sich die Sache gelohnt. Neben Tor-te rechnete sich vor allem der »nasse Kuchen«, also Käse- oder Obstkuchen. Überhaupt nicht rentiert haben sich dagegen Streu-selschnecken. Da war der Preis staatlich festgelegt auf zwölf Pfen-nig, daran konnte man nichts verdienen, im Gegenteil. Wenn der Lehrling mal ein bisschen zu großzügig Zuckerguss aufgetragen hatte, haben sie sogar noch draufgezahlt, grinst Manfred Halwas und ich frage mich, warum er das nicht mal meinem Vater gesagt hat, der schließlich im Amt für Preise gearbeitet hatte. Halwas jedenfalls war nicht nur Konditor, sondern auch Kaufmann und das war zu der Zeit nicht sehr verbreitet. Begriffe wie Gewinn

Manfred Halwas' Ausweis der Ostberliner Handwerkskammer

oder gar Profit waren verpönt. Halwas war der typische, umtriebige DDR-Handwerksmeister, der auch ganz andere Dinge zu beschaffen wusste. In seiner Garage auf dem Hof lagerten stets Autoreifen, Fliesen und alles, was gerade Mangelware war im Arbeiter- und Bauernstaat. An der Ostsee kaufte er Garagen auf und ließ sie zu Ferienhäusern umbauen. Als er seine spätere Frau Susanne kennenlernte, schenkte er ihr schon nach ein paar Wochen eine Trabant-Anmeldung. Damals musste man bis zu zwölf Jahre auf einen Trabi warten. Anmeldescheine, mit denen man die Wartezeit erheblich verkürzen konnte, kosteten unter der Hand einige tausend DDR-Mark. Auch davon, sagt Halwas, hatte er immer ausreichend auf Lager. Aus Spaß schlug er ihr damals auch vor, bei ihm im Laden als Verkäuferin anzufangen, für

84

Susanne und Manfred Halwas, die Ärztin und der Konditor

1.500 Mark im Monat. Das war viel mehr, als Susanne in ihrem Job als Ärztin verdiente. Das Ganze war wirklich nur ein Spaß, versichert er mir noch mal.

Susanne arbeitete weiterhin als Oberärztin im Krankenhaus in Königs Wusterhausen, Manfred schmiss den Laden in der Wilhelm-Pieck-Straße, wo er jetzt an den Arbeitstagen auch schlief. Im Seitenflügel hatte er eine Ein-Zimmer-Wohnung angemietet, in der früher mal ein Schauspieler aus dem Westen gewohnt hatte, wie es hieß.

Die ehemalige Oberärztin und der Konditor sind nun schon seit über dreißig Jahren ein Paar. Dass sie Akademikerin war, er dagegen »nur« Handwerker, spielte keine Rolle, weder für sie noch für irgendjemanden sonst, erinnert sich Manfred Halwas.

Im Hausbuch der Wilhelm-Pieck-Straße 94 ist ersichtlich, dass solche Ehekonstellationen keine Seltenheit waren. Allein Ende der 80er-Jahre wohnten in unserem Haus ein Diplom-Ingenieur, dessen Frau Arbeiterin war, und eine Ingenieurin, die mit einem Kraftfahrer verheiratet war.

In dieser Zeit wurde auf Partys noch nicht als Erstes nach dem Beruf gefragt, man erfuhr oft gar nicht, wer von den Gästen Arzt, Autoschlosser, Biologin oder Schuhverkäuferin war und auch nicht, wer in welcher Ecke von Mitte oder Prenzlauer Berg wohnte. Dass eine Professorin einen Handwerker heiratet, dürfte heute wohl eher die Ausnahme sein. Man spricht allerdings auch nicht mehr von einer klassenlosen Gesellschaft.

Was die real existierende klassenlose Gesellschaft in den 80er-Jahren angeht, hatten inzwischen viele die Nase voll von ihr, stellten Ausreiseanträge und landeten dann oft hinter dem Verkaufstresen der Konditorei Halwas. »Die Frauen bei mir im Laden waren fast alle ›Ausreisefrauen‹, die oft Monate warten mussten, bis sie gehen durften, aber aus ihren Jobs bereits gekündigt worden waren, wenn sie zum Beispiel im Staatsdienst waren oder Lehrerin.« Wenn dann eine von Halwas Verkäuferinnen ausreisen durfte, ließ sie noch schnell die nächste wissen: »Kannst zum Halwas gehen.«

Mit zweiundfünfzig, das war 1987, beschloss der Konditor aufzuhören, sich nur noch um die schönen Dinge des Lebens zu kümmern, Geld hatte er genug verdient. Da das aber nach DDR-Gesetzen nicht vorgesehen war, ließ sich Halwas pro forma von einem befreundeten Kfz-Meister als Schlosser anstellen, ohne dessen Werkstatt jemals zu betreten. Als Gegenleistung schenkte er seinem Kumpel eine teure Werkzeugmaschine. Nach dem Ende der DDR war dieses Versteckspiel nicht mehr nötig, nicht zu arbeiten war jetzt kein Straftatbestand mehr – anderenfalls hätte man ja auch schon bald nach der Wende die halbe Bevölkerung einsperren müssen.

Halwas reiste durch die Welt. Zwischen Jalta und Balaton hatte er bereits alles gesehen, es folgten Laos, Mexiko, Ägypten. Mit siebzig fing er an Klavier zu spielen. Aus der CDU war er ausgetreten, wegen der Sozialpolitik, wie er sagt. »Dass vielen Ostdeutschen einfach die Renten gekürzt wurden, das war nicht in Ordnung.«

Inzwischen ist es voll geworden im Copyshop. Manfred Halwas und ich verlassen den Laden und machen einen kleinen Spaziergang. Ob jetzt nicht alles viel heller und freundlicher aussieht in dieser Gegend? »Ja, aber langweilig ist es jetzt hier, eintönig. Die Leute sehen hier in Berlin-Mitte alle so einheitlich aus.«

Und sie essen keine Windbeutel mehr, hätte ich den Satz des Ex-Konditors beinahe ergänzt. Keiner der umliegenden Backshops hat die im Angebot. Vielleicht passen solche Kalorienbomben einfach nicht zu bewusster Ernährungsphilosophie, vielleicht liegt es aber auch am Rezept? Die Windbeutel hier waren doch die besten in (Ost)Berlin, oder?

»Ja, das waren sie«, meint Halwas, »die Leute kamen aus Köpenick und aus Pankow, sogar Ministerien und Botschaften haben Windbeutel in der Wilhelm-Pieck-Straße 94 gekauft.« Und dann senkt er seine Stimme: »Es war der Trick mit den Konservendosen, leere Dosen, die über die frischen Teig-Portionen gestülpt wurden. Im Ofen türmte sich der Brandteig unter den Dosen anschließend zu riesigen, locker-leichten Windbeuteln auf. Solche Windbeutel gab es weder vorher noch nachher, die gab es nur hier.«

*Annette Höfer (*1962)*

Seit 1991, Seitenflügel
4. Etage rechts

»Volltreffer! Ich bin tatsächlich die, die am längsten hier im Haus wohnt«, antwortete mir Annette Höfer, als ich sie vor ein paar Tagen anrief. Ich hatte Konditor Halwas zum Abschied gefragt, ob er sich an irgendeinen der Namen auf dem Klingelschild neben der Haustür erinnern könne. Er hatte mit den Schultern gezuckt und dann vage auf den Namen Höfer getippt.

Mit Annette Höfer habe ich mich im »Vino e Libri« verabredet. Obwohl es an diesem Septembernachmittag schon ziemlich kühl ist, entscheiden wir uns für einen Tisch draußen vor dem Lokal, wegen der freien Sicht auf unser Haus, gleich schräg gegenüber, auf der anderen Straßenseite.

Wie die meisten meiner Nachbarn bei unseren Begegnungen hat sich Annette Höfer für eine, sagen wir mal, ausgesprochen festliche Garderobe entschieden. Zu ihrer pinkfarbenen Wildlederjacke trägt sie ein schwarzes Oberteil und eine schwarze Hose, die an den Seiten mit Perlenstickereien verziert ist. Ihre Fingernägel hat sie sich schwarz-weiß lackiert. Wir bestellen Kaffee Latte. Sie zündet sich eine Cabinet an und beginnt zu erzählen.

1991 ist sie eingezogen, in den Seitenflügel, ganz oben, zwei Zimmer, Küche, Bad. 40 D-Mark Miete hat sie anfangs bezahlt für die 47 Quadratmeter. Als das Haus ein paar Jahre später an die Erben der einstigen Hausbesitzer ging, zahlte sie bereits über 200 Mark. Inzwischen sind es 210 Euro, nicht viel für die Verhältnisse in Berlin-Mitte. Sie habe eben noch einen alten Mietvertrag und außerdem Ofenheizung, erklärt sie. Für Zwei-Zimmer-Wohnungen wie ihre verlangen Vermieter hier in der Gegend inzwischen schon 600 bis 700 Euro.

»Ich bin 1991 vom Dorf hierher gezogen«, erinnert sich Annette Höfer. »Obwohl ich ja eigentlich eine echte Berliner Göre bin, aufgewachsen in Weißensee. Aber schon als Kind hatte mich das Ländliche total fasziniert, genaugenommen alles, was mit Pferden zu tun hat. Ich wollte gerne beruflich was mit Pferden machen. Gelernt habe ich stattdessen Facharbeiter für Rinderzucht, später ein Agrarstudium rangehängt und bin in der LPG Blumberg gelandet, das liegt hinter Ahrensfelde, in Brandenburg. Wir hatten 400 Kühe, haben bis zur Wende in drei Schichten gearbeitet. Ich war Schichtleiterin in der Milchproduktion. Zum Schluss habe ich auch noch die Lohnbuchhaltung gemacht, was mir später noch sehr helfen sollte.«

Schichtleiterin in einer LPG klingt nicht nach romantischem Landleben, werfe ich ein. »Nein, das war es auch nicht«, lacht meine Nachbarin. »Das war teilweise echt hart, vor allem als Frau unter lauter Männern, von denen die meisten auch noch gesoffen haben. Wir hatten oft Leute, die aus dem Knast kamen. Einer von denen wollte mich mal zusammenschlagen. Nur weil ich verlangt habe, dass der pünktlich und nüchtern zur Arbeit kommt. Man konnte ja in der DDR niemanden entlassen. Manches Mal habe ich mir damals den Kapitalismus gewünscht, wo solche Leute einfach rausfliegen.«

Als der real existierende Kapitalismus dann tatsächlich nach Blumberg kam, waren alle schnell bedient, erinnert sich Annette. Gleich nach der Währungsunion hatte die Genossenschaft im Westen Läufer gekauft, also junge Schweine. Offenbar hatten sie ihnen kranke Exemplare angedreht, bald darauf waren alle Tiere im Stall der LPG ebenfalls krank. Oder die Sache mit den Rindern aus Schleswig-Holstein. Die Boxen in Blumberg waren ausgelegt für das SMR, das Schwarzbunte Milchrind, die Standard-Kuh in der DDR. Die West-Kühe aber waren deutlich größer als so ein SMR. In den viel zu kleinen Boxen holten sich die Tiere schon nach wenigen Tagen Bänderrisse und mussten notgeschlachtet werden.

Für Annette Höfer war dann im Sommer 1991 Schluss in der LPG. »Dass ich die Kündigung kriegte, als ich gerade im Urlaub war, das war kein Zufall«, ist sie sich sicher. »Die wussten, dass ich eine große Klappe habe und mich auch immer für andere eingesetzt habe. Aber ehrlich gesagt, wir alle hatten damals keine Ahnung, dass man Leute nicht einfach rausschmeißen kann, dass es eigentlich so was wie sozial verträgliches Kündigen gibt.«

Kurz nach dem Job verlor die Agrar-Ingenieurin auch ihre Wohnung, die sie sich in einer alten Blumberger Scheune aufwändig renoviert hatte. Nach der Wende hatte der Alteigentümer die Scheune zurück bekommen und den Mietvertrag gekündigt.

Irgendjemand gab ihr damals den Tipp mit der Wohnung in der Torstraße und Annette Höfer startete in ihr zweites Berufsleben, wie sie sagt. Sie entschied sich für eine Umschulung zur Büro-Kommunikations-Kauffrau. Ihre Überlegung damals: Berlin würde jetzt Hauptstadt werden und Leute würden gebraucht, die mit dem Computer umgehen können. Sie sollte recht behalten, sowohl was die Computer als auch die Hauptstadt anging, auch wenn noch ein paar Jahre vergingen, bis Annette Höfer Polit- und andere Prominenz treffen sollte.

Zunächst arbeitete sie als Buchhalterin für kleine Dienstleistungsfirmen, mal für einen Hauswart-Service, mal für einen Pflegedienst. Sie lernte, was kreative Buchhaltung bedeutet, absolvierte Weiterbildungen und frischte ihre Englischkenntnisse auf. »Es waren die verrückten 90er-Jahre«, erinnert sie sich etwas wehmütig und nickt dabei die Torstraße hinunter in Richtung Rosa-Luxemburg-Platz. »Da hinten gab es zum Beispiel eine Kneipe mit dem schönen Namen ›Bummelant‹. Die hatte vierundzwanzig Stunden am Tag offen, da haben wir Dart oder Billard gespielt. Oder gleich hier nebenan war die ›Musiker-Klause‹ mit einem Publikum, wie du das in der Mischung heute nirgends mehr hast in Mitte: Homo, Hetero, Jung, Alt, Arbeiter, Akademiker.«

Ich kann mich an den Laden erinnern. Draußen vor der Tür stand immer so ein Aufsteller, der das Gedeck Bier und Korn für äußerst günstige 1,90 Mark anpries. Die Kneipe gab es wohl schon zu DDR-Zeiten. Auch die Vokuhila-Frisur des Barmannes stammte vermutlich noch aus dieser Epoche – wobei zu seinem Musikgeschmack eher der klassische Pilzkopf gepasst hätte. Wenn ich mich recht entsinne, hingen an den Wänden jede Menge Beatles-Souvenirs. Hinter der Bar gab es einen Plattenspieler, auf dem sich stets nur Beatles-Scheiben drehten.

Die »Musiker-Klause« war eines der letzten Bollwerke gegen Hipster und Yuppies in Berlin-Mitte und sie war Annette Höfers zweites Zuhause: »Hier habe ich einmal in der Woche Skat gespielt. Inzwischen ist aus dem Laden eine dieser 0815-Bars geworden. Und den ›Bummelant‹ gibt es auch schon ewig nicht mehr.«

Mittlerweile seien allerdings sowieso fast alle weggezogen, die sie noch aus den frühen 1990er-Jahren kannte. Auch in der Torstraße 94 habe es diese Abwanderung gegeben. Die meisten der alten Mieter zogen bis Ende der 90er-Jahre aus. Vermutlich war vielen die Miete inzwischen zu teuer geworden. Annette schaut nachdenklich auf unser Haus und sagt leise und mit einem versonnenen Lächeln: »Eigentlich habe ich ja mitgemacht, hier, als die Gegend sich so verändert hat. Ich war ja beteiligt, sozusagen mittendrin.«

Es war Ende der 90er-Jahre, sie hatte gerade keinen Job, als ihr der Vermittler im Arbeitsamt die Stelle als Buchhalterin im »Schwarzenraben« in der Neuen Schönhauser Straße anbot. »Das war damals das angesagteste Restaurant in Berlin-Mitte. Die Gegend um den Hackeschen Markt hatte noch den alten, kaputten Ostcharme, aber zwischendurch gab es total szenige und schicke Läden. Von unserem Haus in der Torstraße zum ›Schwarzenraben‹ war es ein Fußweg von fünf Minuten. Klar, dass ich den Job genommen habe.«

Sie erinnert sich, dass sie an ihrem ersten Arbeitstag im Büro des Restaurants Schuhkartons voller Bargeld-Quittungen vorfand. »Denen war das ganze Buchhalterische etwas über den Kopf gewachsen.« Jedenfalls brachte sie die Sache mit den Schuhkartons in Ordnung und als Nächstes das mit der H-Milch. Die hatten sie bislang von einem Nobelhersteller bezogen. Annette rechnete schnell aus, dass sie beim »Schwarzenraben« 4.000 Mark im Jahr sparen könnten, wenn sie die Milch künftig beim Discounter kaufen würden. Es gab kein Kostenbewusstsein im »Raben«, wie Annette ihren einstigen Arbeitsplatz nennt.

Marcello, der Koch etwa, war eine Art Künstler und wollte am liebsten an 365 Tagen im Jahr Spargel auf der Speisekarte haben. Man kann sich ja vorstellen, wie schwierig es ist, im Winter frischen Spargel zu besorgen und was der dann kostet. Es gab auch kein richtiges Bewusstsein für den Umsatz. »Ich habe immer gesagt: ›Kinder, ich muss 14.000 Euro Miete zahlen für den Laden. Macht Umsatz!‹«

Annette Höfer organisierte, motivierte und bilanzierte. Es war ein bisschen wie damals als Schichtleiterin in der LPG. Für

Annette Höfer (Bildmitte vorn) inmitten ihrer »Raben«-Familie

manche im »Raben«, glaubt sie, war sie auch eine Art große Schwester oder Mutter-Ersatz. »Einer der Lehrlinge etwa, der schon richtig viel Mist durchgemacht hatte, Heroin und so. Der hatte so schlechte Zähne, dass er aus Scham den Mund nie richtig aufgemacht hat. Den habe ich erst mal zum Zahnarzt geschickt. Neulich habe ich ihn getroffen. Wir haben uns umarmt, er ist glücklich verheiratet und Papa.«

Der »Raben« war eine – wie er es selbst nannte – Erfindung von Dimitri Hegemann. Hegemann, Westfale und in den 70er-Jahren nach Westberlin gezogen, war Musiker und Konzertveranstalter, hatte kurz nach dem Mauerfall den legendären Techno-Club »Tresor« und später gemeinsam mit Schauspieler Ben Becker die Bar »Trompete« gegründet. »Der Dimitri«, erinnert sich Annette Höfer, »war ein Marketing-Profi, vor allem hat der die Promis rangeschleppt. Thomas Gottschalk, Wolfgang Joop, Tom Hanks und andere Hollywood-Größen, die Toten Hosen, die Ärzte, Gerhard Schröder, Angela Merkel, alle waren da.« Als Buchhalterin hatte sie nicht direkt mit den VIPs zu tun und sie wäre sich auch albern vorgekommen, *rein zufällig* vorne im Restaurant vorbeizuschauen, wenn dort Prominente zu Besuch waren. Nur einmal, als Herbert Grönemeyer eine Riesenparty im »Raben« gab, bat sie einen Kollegen, den Manager des Sängers nach zwei Konzertkarten zu fragen. Der Manager setzte sie dann tatsächlich auf die Gästeliste und gab ihr auch seine Handynummer, »falls es Probleme geben sollte beim Einlass«.

Richtig gut in Erinnerung ist ihr auch noch jener Abend im »Raben«, an dem sie mit Ben Becker so lange Schnäpse trank, bis beide irgendwann anfingen Goethe zu rezitieren, den Schlussmonolog aus Faust II: *Solch ein Gewimmel möcht' ich sehen, auf freiem Grund mit freiem Volke stehen, zum Augenblicke dürft' ich sagen: Verweile doch, du bist so schön!*

Schon in der Schule war Deutsch immer ihre Stärke, sagt Annette. Becker und sie beschlossen an jenem Abend – nach etlichen Wodkas – »unbedingt« mal ein gemeinsames Goethe-Programm zu machen. Irgendwie ist daraus dann aber nichts geworden.

2007 war Schluss im »Raben«. Der Hauseigentümer kündigte den Mietvertrag. Obendrein hatten sich die Geschäftsführer des Restaurants wohl verkracht und in verschiedene Lager gespalten, nachts wurden heimlich Türschlösser ausgetauscht.

»Im ›Raben‹, das war meine Familie. Als es vorbei war, war es, als ob mir einer den Boden unter den Füßen wegzieht.« Annette Höfer hatte ihre »Familie« verloren. Sie fiel, wie sie sagt, in ein tiefes seelisches Loch, jobbte als Buchhalterin bei einer

Versicherungs-Agentur, »wo die Leute einfach den Hals nicht voll genug bekamen«, anschließend heuerte sie bei einem Steuerberater am Ku'damm an, der ihr genau einen Tag vor dem Ende der Probezeit kündigte.

Ob sie manchmal daran denkt, auch von hier zu verschwinden, frage ich. »Ich bleibe«, kommt prompt ihre Antwort. Irgendwie sei es ja doch noch eine spannende Gegend hier rund um die Torstraße. Noch immer würde sich ständig alles verändern.

Was denn aber aus dem Skatspielen wird, nachdem sich ihre Stammkneipe zur Schicki-Bar gewandelt hat?, will ich noch wissen.

»Na ich spiele«, lacht Annette. Irgendwann hatte sie in der Zeitung diese Anzeige gelesen: »Skat-Runde am Hermannplatz sucht Mitspieler«. Zum Skat spielen fährt sie jetzt nach Neukölln.

Gilbert Penser (*1959)

Oktober–Dezember 1959,
Vorderhaus 3. Etage links

»Was? Ich habe in meinen ersten Lebenswochen in der Wilhelm-Pieck-Straße 94 gewohnt? Das ist mir ja völlig neu«, staunt Gilbert Penser, als ich ihm am Telefon den Eintrag aus dem Hausbuch vorlese: Angemeldet zwölf Tage nach seiner Geburt, am 2. November 1959, ist er allerdings zwei Monate später mit seiner Mutter Ruth bereits wieder ausgezogen.

»Journalistin« hatte seine Mutter im Herbst 1958 in die Spalte »zur Zeit ausgeübte Tätigkeit« geschrieben. Sie war damals als Untermieterin bei Familie Bergemann eingezogen. Klar, dass mich die Geschichte dieser Nachbarin interessiert, schließlich war sie eine Berufskollegin.

Nachdem ich ihren Namen in das Suchfenster getippt hatte, landete ich mitten in einer wilden Agentengeschichte aus den frühen Tagen des Kalten Krieges. Die Hauptrolle in dieser Geschichte spielte eine junge, schöne Reporterin des Ostberliner *Nacht-Express* – Ruth Penser, Jahrgang 1931. Als Achtzehnjährige verliebte sie sich in einen deutlich älteren und verheirateten Kollegen, von dem sie kurz hintereinander zwei Kinder bekam, einen Jungen und ein Mädchen. Um den Nachwuchs kümmerte sich bemerkenswerterweise die Ehefrau des Geliebten.

Für Kinderkram hatte Ruth vermutlich keine Zeit. Denn ihr Geliebter war nicht nur Journalist, sondern arbeitete außerdem für das gerade gegründete Ministerium für Staatssicherheit und rekrutierte auch Ruth, die neben ihrem Job als Reporterin nun auch Agentenaufträge im anderen Teil Berlins zu erledigen hatte. 1952 setzte ihr Freund sie auf den Westberliner Journalisten Karl-Heinz Hagen an. Hagen, der es später bis zum *BILD*-Chefredakteur bringen sollte, arbeitete damals für die von den Amerikanern herausgegebene *Neue Zeitung*. Auch er hatte einen Zweitjob beim Geheimdienst, steuerte antikommunistische Untergrundarbeit im Osten. Ruth Penser sollte Hagen nach Ostberlin locken. Doch die Agentin lief zu den Amerikanern über, denen sie die Entführungspläne verriet und anschließend wegen »versuchten Menschenraubs« für einige Monate im Westberliner Frauengefängnis landete.

Soweit die Geschichte, wie sie in alten Zeitungsartikeln nachzulesen ist. Aber warum tauchte die Agentin, die sich 1953 in den Westen abgesetzt hatte, fünf Jahre später als Nachbarin bei uns in der Wilhelm-Pieck-Straße auf? Hatte Ruth Penser keine Angst, dass man sie als abtrünnige Agentin nun auch im Osten in den Knast stecken würde?

Gilbert Penser hat die Erklärung: »Meine Mutter ist zurückgekommen, weil sie die DDR damals wohl für das bessere Deutschland gehalten hat. Allerdings haben ihre Genossen sie tatsächlich erst mal zu neun Jahren Gefängnis verurteilt, nach drei Jahren kam sie raus, hatte Glück, dass es 1956 eine Amnestie gab.«

Ruth Penser, die 2006 starb, hatte nie über diese Agentengeschichte gesprochen. Ihr Sohn hörte davon erst nach ihrem Tod. Dass er zwei ältere Halbgeschwister hat, erfuhr Gilbert Penser immerhin noch zu ihren Lebzeiten. Sein Halbbruder hatte sich eines Tages bei ihm gemeldet und erzählt, dass die beiden Ältesten der Mutter nie verziehen haben, dass sie sie, die Kinder, weggegeben und auch später nie Kontakt zu ihnen gesucht hatte.

Als Gilbert seine Mutter danach fragte, bekam er ebenso wenig eine Antwort wie auf die Frage nach seinem eigenen Vater. »Da hat meine Mutter einfach total abgeblockt«, erklärt er, »übrigens auch, wenn ich sie gefragt habe, ob sie nach der Entlassung aus dem Gefängnis weiter mit dem Geheimdienst zu tun hatte.« Gilbert Penser kann sich gut an die Zeit erinnern, als er acht oder neun Jahre alt war, inzwischen wohnten seine Mutter und er in der Gartenstraße – nicht weit von der Wilhelm-Pieck-Straße 94 entfernt. »Damals ging die Stasi bei uns ein und aus, stundenlang hat meine Mutter dann mit irgendwelchen Männern in Anzügen diskutiert, ich selbst wurde während dieser Zeit immer ins Kinderzimmer geschickt.«

Vor ein paar Jahren las Gilbert in der Stasi-Behörde die Akte seiner Mutter. Was dort über diese Gespräche in ihrer Wohnung stand, war belanglos, denunziert hatte die Mutter niemanden. Ruth Penser war inzwischen freiberufliche Journalistin, schrieb vor allem Prominenten-Porträts. »Manchmal durfte ich sie bei ihren Interviews begleiten«, erinnert sich Gilbert. »Das Größte war, als wir bei Heinz Florian Oertel waren. Der war mein Idol. Wenn der kommentiert hat, hockte ich stundenlang vor dem Fernseher und hörte jeden Sonnabendvormittag seine Sportsendung im *Berliner Rundfunk*. Auch wegen ihm wollte ich Sportreporter werden.«

Schade, dass Gilbert Penser und ich uns damals nicht begegnet sind. In der Wilhelm-Pieck-Straße haben wir uns knapp verpasst, die Pensers waren 1959 aus-, die Ulrichs erst ein Jahr später eingezogen. Als Teenager hätten wir beide wunderbar fachsimpeln können über unsere damaligen Sportidole, den kubanischen Boxer Teofilo Stevenson, den finnischen Langläufer Lasse Viren oder die Super-Sprinterin Renate Stecher aus Jena. Auch ich wollte unbedingt Sportreporter werden. Bereits als

Achtjähriger hatte ich vor unserem Schwarzweiß-Fernseher in der Wilhelm-Pieck-Straße mit der entsprechenden Berufsvorbereitung begonnen. Mühelos konnte ich alle Medaillengewinner der Olympischen Spiele von 1968 aufzählen, sämtliche Gewinner der Friedensfahrt kannte ich ebenso wie die jeweils aktuellen Weltrekorde im Schwimmen und in der Leichtathletik.

Meinen Eltern galt diese Fachkunde allerdings als »nutzloses Wissen«. Rechtschreibung und Bruchrechnung seien wichtiger, argumentierten sie, nicht ganz zu Unrecht, schließlich brauchte man als angehender Sportreporter Abitur. Den Sprung auf die EOS – um im sportlichen Bild zu bleiben – schaffte ich mit Ach und Krach. An der II. Erweiterten Oberschule in Berlin-Mitte war 1974 gerade noch ein Platz in der altsprachlichen Klasse frei. Latein und Altgriechisch waren im Arbeiter- und Bauernstaat nicht sehr gefragt, galten als wirklich absolut »nutzloses Wissen«.

In Berlin-Mitte gab es damals zwei EOS. Gilbert Penser kam 1974 auf die andere, die naturwissenschaftliche Max Planck-Schule, wir hatten uns also schon wieder verpasst.

Auch Gilbert schaffte es nach der achten Klasse nur mit Mühe auf die Oberschule, obwohl er ausgezeichnete Noten hatte. Bei der Schulbehörde gab es wohl ein paar politische Bedenken wegen seiner Mutter. Die nämlich hatte inzwischen einen Ausreiseantrag gestellt. »Sie überwarf sich irgendwann mit der DDR«, erklärt er, »und von diesem Tag an durfte sie nicht mehr als Journalistin arbeiten, sondern musste im Postamt Briefe sortieren. Gleichzeitig wurde der Stress zwischen ihr und mir schlimmer.«

Ende 1976 durfte Ruth Penser schließlich ausreisen. Die Frau, die als Agentin zweimal die Fronten gewechselt hatte, tauschte noch einmal die Seiten. Die Genehmigung, das Land zu verlas-

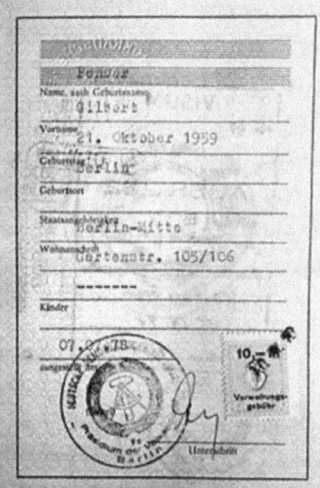

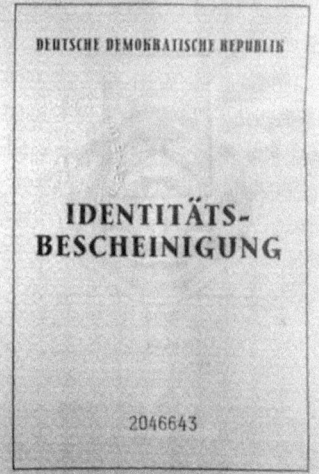

Ausreise-Visum von Gilbert Penser, 1978

sen, galt auch für Ruths siebzehnjährigen Sohn, doch der erklärte seiner Mutter: »Ich bleibe in der DDR, das ist mein Land.«

»Dass ich nicht mit ihr rüber gegangen bin, das hat meine Mutter bis an ihr Lebensende nicht verwunden«, glaubt Gilbert. »Die Zeit nach ihrer Ausreise«, erinnert er sich, »war schön und furchtbar zugleich. Ich hatte die Wohnung für mich allein, es wurden denkwürdige Partys gefeiert. Aber schon bald fehlte mir meine Mutter. Man ließ sie ja hier nicht mehr einreisen. Also habe ich an Erich Honecker geschrieben, dass ich einerseits gern DDR-Bürger bleibe, andererseits aber auch meine Mutter sehen möchte. Doch das wurde abgelehnt und dann hat mir der Schuldirektor noch eröffnet, dass ich, mit einer Verwandten ersten Grades in der BRD, auf keinen Fall Sportjournalist werden kann. Es war das Grundübel der DDR, dass man den eigenen Leuten misstraut hat.«

Irgendwann stellte Gilbert Penser dann einen Ausreiseantrag, flog deshalb kurz vor dem Abitur von der Oberschule, jobbte ein paar Monate im Krankenhaus und durfte das Land verlassen. Er ging nach Krefeld, wo seine Mutter bei einer Verwandten lebte. »Gestritten haben wir uns dann nie wieder«, sagt er, »aber herzlich ist unser Verhältnis nicht mehr geworden, wir haben die seelischen Verletzungen einfach nie angesprochen.«

Und die Agentin Ruth Penser? »Das war vorbei, meine Mutter hat im Westen als Sekretärin in einer Krawattenfabrik gearbeitet. Da war nichts auszuspionieren. Nachdem sie Mitte der 90er-Jahre Rentnerin wurde, hat Mutter übrigens noch Geschichte und Politikwissenschaft an der Fernuni Hagen studiert, mit Abschluss.«

Und was ist aus Gilberts Sportreporterplänen geworden? »Nichts. Ich habe eine Handelsausbildung bei Horten gemacht, dort meine spätere Frau kennengelernt. Unsere Tochter ist fünfzehn. Beruflich bin ich ordentlich die Leiter hinaufgefallen.« Er ist Spitzenmanager bei einer großen deutschen Handelskette und lebt in der Nähe von Köln.

Immerhin, Gilbert und ich, wir haben eine gemeinsame Geschichte, von der wir ohne Frau Morgensterns Hausbücher nie erfahren hätten. Aus den Eintragungen im Hausbuch wissen wir ja, dass wir uns als Babys vor fünfundfünfzig Jahren in der Wilhelm-Pieck-Straße 94 nur knapp verpasst haben.

Diese gemeinsame Adresse ist längst nicht die einzige Gemeinsamkeit zwischen uns. Unsere Mütter sind beide Jahrgang 1931, wuchsen beide im proletarischen Berliner Osten auf und waren Anfang der 1950er bildschöne junge Frauen, also zu jener Zeit, als Ruth den Mann traf, der sie zur Agentin machte und meine Eltern sich kennenlernten. Es war, als hätte ich mit Gilbert Penser fast einen Zwilling getroffen. Wir blieben – ohne es zu wissen – immer in der Nähe des Anderen, in Berlin-Mitte, achtzehn Jahre lang, bis zu Gilberts Ausreise. Er wohnte in der Gartenstraße, die Ulrichs waren auf die Fischerinsel gezogen. Es gab regelmäßig Sportwettkämpfe zwischen der EOS Max Planck und der II. EOS. Sind wir auf der Aschenbahn im Stadion der Weltjugend, dort wo inzwischen der BND seine Zentrale errichtet hat, vielleicht beim 100-Meter-Lauf gegeneinander angetreten? Wir bewunderten dieselben Serien-Helden im Fernsehen, den Erzgebirgs-Robin Hood Karl Stülpner, gespielt von Manfred Krug, ebenso wie Armin Mueller-Stahl in der Rolle des DDR-Topspions Achim Detjen.

Der Stadtbezirk Mitte grenzte im Norden, Westen und Süden an die Berliner Mauer. Die vier Meter hohe Betonwand war für uns beide, 1959 und 1960 geboren, etwas völlig Normales, sie war schließlich »schon immer« da. Dahinter, wussten wir, gab es einerseits Nutella und Coca Cola, andererseits aber Dinge, die uns Angst machten. Gilbert erzählt, dass er 1976 auch deshalb nicht mit seiner Mutter in den Westen ging, weil er sich vor Arbeitslosigkeit und Neonazis fürchtete. Ich träumte als Zwölfjähriger gelegentlich, unsere sechsköpfige Familie würde plötzlich in Westberlin leben und müsste dort ins Obdachlosenasyl ziehen, weil wir die Miete für unsere Wohnung nicht mehr bezahlen konnten. Wir waren Kinder der DDR und ihrer Propaganda. Andererseits waren Mieten im Westen tatsächlich längst um ein Mehrfaches höher als im Osten, es gab Neonazis und in den 1970ern erstmals wieder Massenarbeitslosigkeit.

Gilbert und ich hatten den gleichen Berufswunsch, wollten Sportreporter werden, spätestens an der Uni wären wir uns begegnet, die beiden Jungs aus der Wilhelm-Pieck-Straße 94. Doch 1978 – ohne, dass wir es damals wussten – trennten sich unsere Wege. Ich blieb in der DDR, machte im Sommer mein Abi und landete kurz darauf beim NVA-Wehrdienst in Vorpommern. Ich studierte Journalistik, wie in der DDR üblich in Leipzig, und wurde anschließend tatsächlich Sportreporter beim Jugendradio *DT 64*. Heinz Florian Oertel, unser gemeinsames Jugendidol, traf ich jetzt regelmäßig im Köpenicker Funkhaus. Der moderierte noch immer samstags seine Sportsendung im *Berliner Rundfunk*, ich inzwischen sonntags von neun bis elf Uhr den Frühsport auf *DT 64*. Wir waren jetzt Kollegen.

Wenn Gilbert Penser von den spießig-misstrauischen Funktionären nicht aus dem Land vertrieben worden wäre, hätte er vielleicht den Sport am Sonntag moderiert. Er spricht seinen Vornamen französisch aus. »Am Mikrofon begrüßt sie Gilbert Penser« hätte nicht schlecht geklungen. Stattdessen: »In Krefeld kam ich auf das Gymnasium und viele dort hielten mich für etwas minderbemittelt, weil ich aus der DDR kam. Einer der Lehrer hat wörtlich gemeint: ›Ihr habt ja dort immer nur das

Kommunistische Manifest gelesen.‹ Aber relativ schnell haben die gemerkt, dass ich drüben nicht nur Marxismus gelernt hatte. Nach einem Jahr war ich der Jahrgangsbeste in Mathe. So schlecht war unsere Schule also doch nicht gewesen.«

Gilbert ist dann noch vor dem Mauerfall jedes Jahr nach Ostberlin gefahren, Freunde und das alte Viertel besuchen. Letztes Jahr fuhr er mit seiner Frau und der Tochter nach Berlin. Er ist mit den beiden fünf Tage lang durch seinen alten Kiez in Mitte gelaufen. »Du hast dich nie wirklich lösen können!«, hat seine Frau damals bemerkt und die Tochter fragte irgendwann entnervt, warum sie denn immer wieder durch dieselben Straßen laufen würden. Gilbert Penser wird wiederkommen, er ist noch immer Berliner.

Dann machen wir ein schönes »Zwillings-Selfie« vor unserem Haus und schreiben darunter: »Nach 60 Jahren!«

Stefanie Meier (*1948) und Klaus Meier (*1952)

1984–1996, Vorderhaus
1. Etage rechts

»Programminstrukteur«. Das Wort hat Stefanie Meier eingetragen in die Spalte »Zur Zeit ausgeübte Tätigkeit« im Hausbuch, als sie im Sommer 1984 mit ihrem Mann und den beiden
Töchtern in unser Haus eingezogen ist. Wie alle Frauen damals,
benutzte sie ganz selbstverständlich die männliche Berufsform.
Wobei mir nicht klar ist, was Programminstrukteure eigentlich
machen. Ich werde es herausfinden. In die Rubrik »Geburtsort«
schrieb die neue Mieterin Dresden. Was, nebenbei gesagt, auch
zu hören ist. Die schlanke blonde Frau spricht noch immer in
diesem sanften, weichen Dresdner Tonfall, obwohl sie schon vor
fünf Jahrzehnten von dort unten weggezogen ist.

Dass ihr als Erstes zu unserem Haus die legendären Windbeutel einfallen, ist da natürlich logisch. Sprechen doch die Dresdner
von sich gerne selbstironisch als »Kaffee-Sachsen«, wegen ihrer
Vorliebe für das heiße Getränk und für Kuchen sowie Torten
jeglicher Art. »Der Konditor«, erinnert sich Stefanie Meier, »hat
die Bleche mit den frischen Windbeuteln zum Abkühlen immer
in so ein großes Metallregal auf dem Hof gestellt. Manchmal
hat er vergessen, die Gittertür vor den Regalen zu verschließen.
Dann stibitzten sich die Kinder aus dem Haus schon mal ganz
flink das eine oder andere Stück Kuchen.« Vielleicht ist Stefanie
das mit den Windbeuteln auch deshalb so gut in Erinnerung,
weil die Meiers genau über der Konditorei wohnten, also in der

*Programminstrukteurin
Stefanie Meier, 1988*

Wohnung, in der auch wir Ulrichs mal gelebt hatten und noch früher Christa Kern, die ich ganz zu Beginn meiner Suche nach den Nachbarn getroffen hatte.

Die Meiers wohnten zwölf Jahre im Haus, von 1984 bis 1996. Sie haben mich zum Frühstück eingeladen in ihre geräumige Drei-Zimmer-Wohnung in einem Berliner Vorort. Es gibt eine große Sitzecke mit Couch und Sesseln. Auf der Rücklehne der Couch lümmeln gemütlich ein paar Plüschtiere. Vor den bodentiefen Fenstern stehen große Puppen und schauen den Betrachter mit ungewöhnlich ernsten Augen an. Von diesen Puppen wird noch zu reden sein. Vorher aber warten auf dem Frühstückstisch warme Croissants, Lachsschinken, Salami, Ziegenkäse und Weintrauben. Natürlich tauschen die Meiers und ich erstmal Erinnerungen aus an die gemeinsame Wohnung, in der wir zu unterschiedlichen Zeiten gelebt haben und blättern durch die Fotoalben der Meiers. Das Erkerzimmer zur Straße, einst Schlafzimmer meiner Eltern, war bei den Meiers Kinderzimmer. Das andere große Zimmer zur Straße raus, früher das Zimmer meiner Schwestern, war bei den Meiers Arbeitszimmer, in dem es sogar einen Billardtisch gab. Das große Berliner Zimmer, das Vorderhaus und Hinterhaus miteinander verband, diente auch den Meiers als Wohnzimmer. Auf den Fotos ist eine wuchtige Schrankwand zu sehen, typisch achtziger Jahre.

Ich erzähle, dass nach uns, den Ulrichs, stets Familien mit Allerweltsnamen in dieser Wohnung gelebt haben, erst die Müllers, dann sie, die Meiers, und dass heute der Name Krause am Klingelschild steht. Ob sie denn die Müllers noch kennengelernt haben? »Ja, ihn haben wir noch gesehen. Der lebte in der großen Wohnung nur noch alleine, der Müller. Die Frau hatte sich wohl getrennt und war mit den Kindern woanders hingezogen«, erzählt Stefanie, und dass die Meiers vorher eine Drei-Zimmer-Wohnung in Treptow bewohnten und über eine Tauschannonce dann diese große in der Wilhelm-Pieck-Straße entdeckt hatten, 140 Quadratmeter. »Die Miete betrug 90 Mark.« Im Kopf rechne ich die damalige Miete um. 90 DDR-Mark entsprachen in den achtziger Jahren, nach dem inoffiziellen Tauschkurs, 22,50 D-Mark. Umgerechnet in die heutige Währung zahlten die Meiers für ihre Vier-Zimmer-Wohnung mit Parkett, Flügeltüren und Stuckdecken lächerliche 11,50 Euro. Für vergleichbare Wohnungen in dieser Gegend von Berlin-Mitte rufen Immobilienportale heute Warmmieten von zweitausend Euro und mehr auf, eine Steigerung um das Zweihundertfache. Okay, solche Vergleiche bringen nicht viel, die Mieten in der DDR waren eben ausgesprochen günstig, weil der Staat sie subventionierte. Heute muss man sich das Wohnen im Viertel rund um den Rosenthaler Platz leisten können.

»Damals hat Geld keine Rolle dabei gespielt, wer in das Haus gezogen ist«, bestätigt Klaus Meier. »Deswegen war das sozial auch sehr gemischt in der Wilhelm-Pieck-Straße.« Die Einträge im Hausbuch belegen das. In der ersten Hälfte der achtziger Jahre hatten sich unter anderem Bewohner angemeldet, die als Berufe im Hausbuch »Pflegerische Hilfskraft«, »Textilfacharbeiter«, »Kellnerin« oder »Transportarbeiter« eintrugen. Menschen, die solche Jobs haben, ziehen heute kaum noch ins Viertel zwischen Hackeschem Markt und Torstraße. Und was hatte es nun mit Stefanie Meiers Beruf auf sich? Programminstrukteur. Ging es da um irgendwelche EDV-Sachen, Computerprogramme, irgendwas Technisches?

Ganz im Gegenteil, nichts Technisches, erfahre ich. Es ging um Kunst, um Programme für Künstler, um Tourneen und Auftritte. Stefanie Meier arbeitete bei der DDR-Künstleragentur. Die staatliche Agentur besaß das Monopol darauf, DDR-Künstler ins Ausland und internationale Künstler ins Inland zu vermitteln. Klingt nach spannenden Reisen rund um die Welt. »Nee, stimmt in meinem Fall aber nicht«, schränkt Stefanie gleich ein, »es gab die Bereiche Entsendung und Empfang. Ich war in der Abteilung Empfang. Wir haben uns um die Künstler gekümmert, die zu Gastspielen in die DDR kamen. Aber das war trotzdem auch interessant. Da kamen berühmte Dirigenten ebenso wie Dramatiker, Schriftsteller oder Comedians.«

Kennengelernt haben sich Stefanie und Klaus vor vierzig Jahren in der Komischen Oper. An jenem Abend war kurzfristig das Programm geändert worden. Beide waren von dem, was ersatzweise aufgeführt wurde, nicht recht begeistert und wechselten in der Pause aus der Oper ins nahegelegene Restaurant Lindencor-

In den Trabant passten idealerweise zwei Erwachsene und zwei Kinder.
Manchmal zwei Kinder auch in den Kofferraum – Franziska und Caroline
Meier 1988

so an der Friedrichstraße, Ecke Unter den Linden. Das war 1976, ein Jahr später wurde geheiratet, 1978 kam Tochter Franziska zur Welt, vier Jahre darauf folgte Caroline, die zweite Tochter. Die Meiers waren komplett. Mutter, Vater, zwei Kinder, das war in der späten DDR das typische Familienmodell. Auch das lässt sich im Hausbuch der damaligen Wilhelm-Pieck-Straße ablesen: In den sechziger Jahren zogen eher Familien mit vier Kindern ins Haus ein, so wie wir Ulrichs. Auch unsere unmittelbaren Nachmieter, die Müllers, waren zunächst eine sechsköpfige Familie, von der am Ende nur noch Herr Müller dort wohnte. Ende der Achtziger gab es lediglich eine kinderreiche Familie im Haus, die Bohnkes, von denen schon die Rede war.

Die Zwei-Kind-Familie in den späten Jahren der DDR, sie schränkte den Lebensstandard weniger ein. Lebensstandard und Konsum waren inzwischen immer wichtiger geworden. Abgesehen davon passten in den Trabant idealerweise zwei Erwachsene und zwei Kinder. »Ja, wir hatten einen Trabi«, bestätigt Stefanie, »allerdings war das erst kurz vor dem Ende der DDR.«

Klaus Meier hatte beim Einzug im Hausbuch als Tätigkeit »Wissenschaftlicher Mitarbeiter« angegeben, was sich als glatte Untertreibung entpuppt, als er am Frühstückstisch von seiner Arbeit erzählt. Schließlich hatte er, als die Familie in unser Haus zog, schon längst seinen Doktor-Titel und brachte es einige Zeit später zum Vize-Direktor des Instituts für Theorie, Geschichte und Organisation der Wissenschaften. Das Institut war Teil der Akademie der Wissenschaften der DDR. Meier und seine Leute beschäftigten sich zum Beispiel mit der Frage, wie sich naturwissenschaftliche Grundlagenforschung möglichst schnell in neue Technik umsetzen ließe. Anfang der siebziger Jahre hatte er zu den ersten Studenten gehört, die sich an der Berliner Humboldt-Universität mit dem damals neuen Thema der »Organisation von Forschung und Wissenschaft« beschäftigten. Es ging um Kybernetik, um Wissenschaft als Produktivkraft und später um Wissenschaftssoziologie. Einer seiner Uni-Dozenten war der legendäre Professor Franz Loeser. Der Sohn eines jüdischen Rechtsanwaltes aus Breslau, war 1938 als Vierzehnjähriger der Verfolgung durch die Nazis mit einem Kindertransport nach England entkommen und hatte das Kriegsende als britischer Soldat erlebt. Später studierte Loeser in den USA und schloss sich der Bürgerrechts- und Friedensbewegung an. Wegen der Kommunistenverfolgung während der McCarthy-Ära kam er schließlich in die DDR, promovierte, lehrte an der Humboldt-

Uni Ethik und später Organisationswissenschaft. Klaus Meier erinnert sich, »dass Loeser den jungen Studierenden, insbesondere den jungen Studentinnen, mit seinem weltmännischen Auftreten und seiner Begabung fürs Geschichtenerzählen imponierte.« Loesers Frau übrigens kannte fast jeder in der DDR – aus dem Schulfernsehen. Die Engländerin Diana Loeser leitete durch den Fernseh-Sprachkurs *English for you*. Als Muttersprachlerin mit Hornbrille und stets akkurat ondulierter Frisur und in ihrem feinen Oxford-Englisch führte sie mit Aussprache- und Grammatikübungen durch die Sendungen, in denen es auch jeweils Spielszenen mit »Tom« und »Peggy« gab, die von den Schauspielern Alan Clarke und Valerie Lester dargestellt wurden. Diana Loeser beendete jede Sendung mit den für uns Schülern erlösenden Worten: *That's all for today. Good bye viewers.*

Aber zurück zu Stefanie und Klaus. Den Abend des Mauerfalls erlebten sie zu Hause vor dem Fernseher. Ein paar Tage später gings mit den beiden Töchtern, die inzwischen elf und sieben Jahre alt waren, zum ersten Mal rüber nach Westberlin. In einer Bank holten sie sich ihr Begrüßungsgeld ab, einhundert D-Mark für jeden Erwachsenen, fünfzig für jedes Kind. Einen Teil davon setzten sie sofort um in eine Puppe, einen Walkman, einen Stereokassettenrekorder und eine Flasche Whiskey. Daran kann sich Stefanie noch genau erinnern.

Die Künstleragentur gab es dann schon bald nicht mehr, ebenso die Akademie der Wissenschaften. Die Meiers mussten sich, wie Millionen Ostdeutsche, neu erfinden. Stefanie stürzte sich in eine Ausbildung zur Hotelfachfrau, »richtig, mit allem Drum und Dran«, wie sie sagt. Die praktische Ausbildung absolvierte sie in einem Hotel am Flughafen Tegel. Viele der Gäste waren Franzosen. Schließlich gab es dort um die Ecke noch die große französische Kaserne und daneben die Offizierssiedlung. Später hat sie dann noch viele Jahre in der Hotel-Branche gearbeitet. Klaus Meier verlegte sich aufs Bücher schreiben. Sachbücher, die Titel tragen, wie »Sanfte Chirurgie«, »Chaos und Schöpfung« oder »Karriere-Muster«. Irgendwann stieß er dann auf die Sache mit den Puppen, genauer gesagt auf einen Laden im tiefen Westberlin, irgendwo in Schöneberg oder Wilmersdorf, wo es teure Puppen und Plüschtiere zu kaufen gab, Sammler- und Designerstücke. Die Teile waren deutlich größer als klassische Spielpuppen für Kinder und stammten nicht aus Fabriken in Fernost, sondern waren Handarbeit, nicht selten aus Porzellan. Klaus Meier entdeckte für sich die Welt der Künstlerpuppen und Kuscheltiere für Erwachsene und schrieb gemeinsam mit einer ehemaligen Forschungskollegin aus der Akademie mehrere reich illustrierte Bücher über diese besondere Puppenwelt und ihre Designer.

Womit wir bei den melancholisch dreinblickenden Puppen im Wohnzimmer der Meiers wären. Das seien zwei typische Künstlerpuppen, erfahre ich, in dem Fall aus der Kollektion einer Künstlerin aus Südthüringen. Dort in der Gegend um Sonneberg habe die Puppen- und Teddyproduktion eine lange Tradition. Als in den neunziger Jahren die Großproduktion dort stark zurückgegangen war, verlegten sich einige Designer eben auf die Herstellung hochwertiger Einzelstücke.

Klaus Meier jedenfalls galt irgendwann als anerkannter Experte in der Welt der Puppen- und Teddy-Sammler - und stand eines Tages auf der Hochzeits-Gästeliste von Ute Kase-Lepp. Falls Sie den Namen – so wie ich – noch nie gehört haben, geben Sie ihn mal in die Suchmaschine ein und klicken auf »Bildersuche«. Sie werden auf Hunderte Porzellanpuppen stoßen, designt von Ute Kase-Lepp. Die Frau aus Gifhorn bei Hannover

*Klaus Meier bei der Hochzeit der
Puppen-Königin – verkleidet als
mittelalterlicher Edelmann, 1995*

gilt, wenn ich es richtig verstanden habe, als die Nummer eins unter den Puppen-Gestaltern in Deutschland, als die Puppen-Königin. Bei ebay werden für viele ihrer Kunstwerke vierstellige Preise aufgerufen. Die Hochzeit der Puppen-Königin entpuppte sich dann als eine wahre Märchenhochzeit. Geheiratet wurde in Wien, selbstverständlich im Stephansdom, der eigens zur Trauung abgesperrt worden war. Die Braut trug ein weißes Märchenkleid. Für die Hochzeitsgäste standen vor dem Dom drei Dutzend Fiaker bereit, diese typischen Wiener Pferdedroschken. Am Tag zuvor war in einem Schloss Polterabend gefeiert worden. Alle Gäste trugen Kostüme, wie aus einem Märchenfilm. Klaus, der promovierte Wissenschaftsforscher, ging als mittelalterlicher Edelmann.

1996 sind die Meiers aus der Wohnung in der Torstraße 94 ausgezogen. Es war die Zeit in der etliche Nachbarn das Haus verließen. Die Gründe ähnelten sich. Bei manchen Nachbarn waren die Kinder aus dem Haus und die Alten entschieden sich, an den Stadtrand ins Grüne zu ziehen.

Entscheidend war oft die gestiegene Miete. Die Meiers zahlen, statt der 90 DDR-Mark, Mitte der Neunziger eine Warmmiete von 840 D-Mark.

Inzwischen sind Stefanie und Klaus Oma und Opa. Ihre ältere Tochter lebt mit Mann und Kindern in Brüssel, arbeitet bei einer großen internationalen Hilfsorganisation. Die jüngere Tochter ist Psychologin. Sie ist mit ihrem Mann und den Kindern in einen kleinen Ort nach Mecklenburg-Vorpommern gezogen.

In der geräumigen Diele der Meiers gibt es eine ganze Wand mit Fotos der Enkelkinder. Stefanie strahlt, als sie Geschichten zu den Bildern erzählt. Die Meiers, inzwischen beide Rentner, sind zufriedene Großeltern, scheint mir.

Stefanie fällt zum Schluss noch etwas zu den Windbeuteln in der Torstraße ein.« Da gab es nämlich auch eine Kehrseite«, meint sie und senkt dabei leicht die Stimme. »Die Kakerlaken!«. Die krabbelten von unten aus der Konditorei munter zu ihnen hoch in die Wohnung. Dabei hatte Klaus damals alle nur denkbaren Ritzen im Fußboden verklebt. Trotzdem schafften es diese Viecher immer wieder aus der Backstube zu ihnen in die Wohnung. Deshalb hatte Stefanie, wenn sie nachts aus dem Schlafzimmer zum Bad musste, immer einen Pantoffel in der Hand, um notfalls eins von den Krabbelviechern zu erschlagen. Ich muss grinsen. Schließlich war mir als Kind in dieser Wohnung auch immer mulmig zumute gewesen, wenn ich nachts zur Toilette musste. Nicht wegen irgendwelcher Krabbeltiere, sondern wegen der

Gespenster, die in meiner Fantasie im Dunkeln in den Ecken unserer riesigen Wohnung hausten. Ich hatte von diesen Ängsten schon Christa Kern erzählt, die mir wiederum berichtet hatte, welche Angst ihr die Geweihe eingejagt hatten, die in den frühen fünfziger Jahren dort noch in der ehemaligen Wohnung der Hausbesitzer an den Wänden hingen. In den frühen fünfziger Jahren, als auch die Kristens in unser Haus zogen ...

1952–1957, Seitenflügel
3. Etage rechts

»Die arme Frau Kristen!«, hieß es oft, wenn sich die Erwachsenen in unserem Haus unterhielten. Frau Kristen war eine der älteren Damen aus dem Seitenflügel, trug Dauerwelle, eine randlose Brille und meistens einen grauen Mantel.

Dass sich ihr Name mit K und nicht mit Ch schrieb, erfahre ich aus dem Hausbuch. Als Kind habe ich beim Klang ihres Namens ohnehin nie an Kirche oder Jesus gedacht, obwohl ich als Baby in der barocken Sophienkirche, gleich um die Ecke, getauft worden bin. Der Pfarrer soll wegen meiner drei biblischen Vornamen, Andreas Michael Thomas, begeistert gewesen sein. Aber meine Eltern hatten ihre Wahl wohl weniger aus frommen als aus modischen Gründen getroffen. Später in der Schule hießen dann alle Jungen Andreas, Michael oder Thomas, abgesehen von den beiden Bernds in unserer Klasse. In meiner Kindheit spielte Religion keine Rolle. Mein Vater, als Staatsbeamter in der DDR zum Atheismus verpflichtet, verkleidete sich für uns vier Kinder als Weihnachtsmann. Zu Ostern versteckten unsere Eltern überall in der Wohnung Nester mit Süßigkeiten und bunt angemalten Eiern. Dass beide Feste etwas mit der Jesus-Geschichte zu tun hatten, erfuhren wir vier Kinder nicht, es spielte keine Rolle, war sozusagen »nutzloses Wissen«.

Was aber hatte es mit der »armen Frau Kristen« auf sich? Die Eheleute Frieda und Max Kristen hatten sich 1951 als Mieter im Seitenflügel angemeldet. Ihre damals dreizehnjährige Tochter Rosel trugen sie merkwürdigerweise erst Monate später im Hausbuch ein.

»Warum ›arme Frau Kristen‹«, fragte ich meine Mutter. Weil sie so einsam war. Ihre Tochter hat in Westberlin gelebt und sich kein bisschen um ihre Mutter gekümmert, im Gegenteil, die hat sie wohl regelrecht abgelehnt, hieß es. Das fanden alle im Haus ganz schrecklich. In den 70er-Jahren hat Frau Kristen sich dann versucht das Leben zu nehmen, fiel meiner Mutter noch ein.

»Ja, das stimmt, ich habe meine Mutter abgelehnt, ich habe ihr nie verziehen«, gibt Rosel Kristen im Gespräch zu. Die Siebenundsiebzigjährige und ich sitzen auf einer Parkbank am Tegeler See. Seit einigen Jahrzehnten schon wohnt sie hier im ruhigen Berliner Norden. »Was nie verziehen?«, frage ich.

»Dass sie mich als Zehnjährige weggegeben hat. Im Januar 1949, wir wohnten damals noch im Nachbarhaus, hat meine Mutter mich in Tempelhof ins Flugzeug nach Caracas gesetzt. Dort in Venezuela lebte ihre Stiefschwester, die mit einem Juden verheiratet war. Das Paar war 1933 aus Deutschland ausgewandert. Die hatten dort eine große Wäscherei und eine Villa mit Hauspersonal.

Da sollte ich von nun an leben und glücklich werden. Das war der Plan meiner Mutter. Die hatte mit ihrer Stiefschwester verabredet, dass ich später mal alles erben sollte. Und deshalb bin ich 1949 in Venezuela gelandet.«

Rosel Kristen war Einzelkind und ihre Mutter bereits achtunddreißig als sie geboren wurde. Ein spätes Einzelkind sozusagen. Aber warum hatte Frieda Kristen ihre Tochter Rosel weggeschickt auf einen anderen Kontinent? So groß war die Nachkriegsnot doch 1949 nicht mehr, erst recht nicht für Familien mit nur einem Kind? »Vielleicht«, vermutet Rosel, »weil

Rosel Kristen, Ende der 1940er-Jahre in Venezuela

meine Mutter in den 20er-Jahren in Berlin als Kindermädchen beim argentinischen Botschafter gearbeitet hatte. Der Lebensstil dort im Haus muss sie sehr fasziniert haben, und wenn sie ein solches Leben schon nicht selbst haben konnte, mein Vater war ja nur einfacher Wachschutzmann bei der BVG, wollte sie eben, dass ich mal in solchen Verhältnissen lebe.«

Eine Villa mit großem Garten und Palmen sowie Hauspersonal gab es tatsächlich in Caracas, für die Sommermonate obendrein eine Ferienresidenz am Karibikstrand. Aus Rosel wurde Rosita, die bald perfekt spanisch sprach und unter furchtbarem Heimweh litt. »Aber wehe, wenn ich das gesagt habe, dann gab es sofort eine Maulschelle. Außerdem sollte ich zu dieser anderen Frau jetzt ›Mutti‹ sagen. Es war furchtbar.«

Als sie endlich im Begriff war, sich mit dem neuen Leben zu arrangieren, starb ihr Onkel. Das änderte alles, die Witwe des Onkels beschloss auf eine große Weltreise zu gehen, Rosel wollte sie für diese Zeit in ein Kloster stecken. »Da habe ich mich auf die Hinterbeine gestellt und gesagt: Ich will zurück zu meiner Familie und so ist es ja dann gekommen. Ich durfte.«

Mit zwei Koffern stand sie eines Nachts vor der Wilhelm-Pieck-Straße 94. Noch in Caracas hatte sie erfahren, dass ihre Eltern jetzt dort wohnten. Sie haben sich lange umarmt in jener Nacht und sehr viel geweint. »Aber dann brach alles aus mir heraus. Ich habe meiner Mutter solche Vorwürfe gemacht, weil sie mich einfach abgeschoben hatte.« Die Eltern trennten sich bald danach, der Vater war von Anfang dagegen gewesen, die Tochter nach Caracas zu schicken. Im Streit darum war die Ehe zerbrochen.

»Heute weiß ich, was mich damals so wahnsinnig gemacht hat«, sagt Rosel mit fester Stimme und sieht dabei hinaus auf den See. »Ich habe mich einfach nach Liebe gesehnt und ich war so furchtbar enttäuscht, dass ich die ausgerechnet nicht von meiner Mutter bekommen habe.« Mit siebzehn lernte Rosel ihren künftigen Mann kennen, kurz vor dem Mauerbau zog sie zu ihm nach Westberlin. Zu ihrer Mutter in die Wilhelm-Pieck-Straße fuhr sie nur selten und im Haus wohnte inzwischen fast niemand mehr, der sich noch erinnern konnte, wie Rosel Kristen aus Venezuela zurückgekommen war, das Mädchen, das damals besser spanisch als deutsch sprach. Für die Nachbarn in den 60er- und 70er-Jahren war die gelegentliche Besucherin aus Westberlin nur die »treulose Tochter«. Zum Glück kümmerte sich dieser nette Schauspieler jetzt um seine Nachbarin, die »arme Frau Kristen«.

»Und stimmt das mit dem Selbstmordversuch?«, frage ich noch.

»Ja, das stimmt. Sie hat sich die Pulsadern aufgeschnitten. Aber eine Nachbarin hat wohl was mitbekommen. Sie haben Mutter noch retten können. Kurz darauf ist sie ins Altersheim nach Marzahn gekommen und dort später auch gestorben.«

Wir schauen schweigend aufs Wasser, zwei Kinder füttern Enten. »Heute«, sagt Rosel Kristen plötzlich, »heute denke ich manchmal, dass sie damals vielleicht wirklich das Beste für mich wollte.«

René Bluhm (*1968)

1968–1989, Vorderhaus
2. Etage rechts

Seine ersten einundzwanzig Lebensjahre hat René Bluhm in der Wilhelm-Pieck-Straße verbracht, von 1968 bis kurz vor der Wende. Erinnerungen an ihn habe ich nicht. Ich war zehn Jahre alt und er noch ein Baby, als die Ulrichs 1970 auszogen. Ich habe mich mit ihm, einem weiteren ehemaligen Nachbarn, verabredet. Auch er wohnt längst woanders.

René Bluhm wartet bereits auf mich – mit einer markanten Frisur. An den Seiten trägt er die Haare, die schon etwas grau sind, kurz rasiert, oben sind sie etwas länger und in Bürstenform geschnitten. Ich glaube, man nennt das »Kante«. Nicht sehr verbreitet in Mitte, die einschlägigen Klischees zu dieser Frisur sind wohl Working Class, Eisbären-Fan, Hooligan oder BFC Dynamo-Anhänger, nicht unbedingt hip im Kiez.

So ein Quatsch, denke ich, Menschen nach ihrer Frisur zu beurteilen. Ich beschließe, keine weiterführenden Mutmaßungen darüber anzustellen, warum mein Nachbar seine Haare so trägt. Viel interessanter finde ich ohnehin, was ich im Hausbuch über die Bluhms gelesen hatte, drei Generationen in einer Wohnung.

»Ja, das stimmt«, bestätigt René, »wir waren drei Generationen, meine Oma, meine Mutter, mein kleiner Bruder und ich. Die Wohnung war richtig hochherrschaftlich, 140 Quadratmeter, zum Treppenhaus im Seitenflügel gab es sogar einen Dienstboteneingang.«

Ich erzähle ihm, dass in dieser Wohnung früher mal ein Schneidermeister vom Theater mit seiner Familie gelebt hat, dessen vierzehnjähriger Sohn im April 1945 von einem Granatsplitter tödlich getroffen wurde. Von dem Schneidermeister hat René noch nie gehört, findet diesen Vormieter aber irgendwie ganz passend. »Meine Mutter hat nämlich auch genäht«, erfahre ich von ihm. »Mitten im Wohnzimmer stand ihre Nähmaschine. Sie hat für den VEB Mantel-Moden gearbeitet. Morgens kam immer ein Kraftfahrer, der die zugeschnittenen Einzelteile gebracht hat, nachmittags hat der dann die fertigen Mäntel abgeholt.«

Außerdem wohnte noch die Oma bei ihnen, die war Rentnerin. Rentnerinnen und Näherinnen gehörten auch damals schon nicht zu den Spitzenverdienern. Bei 90 Mark Miete konnten sie sich die geräumige Wohnung mit Parkett, Flügeltüren und Stuckdecken für ihren Vier-Personen-Haushalt leisten.

Herrschte in unserem Haus damals wirklich so ein Gemeinschaftsgefühl wie mir von etlichen Nachbarn berichtet wurde?, will ich wissen. Verblüfft schaut mich René aus seinen blauen Augen an und stellt eine Gegenfrage: »Würdest du heute einem Nachbarn deinen Schlüssel geben, wenn du in den Urlaub fährst? Nein, würdest du nicht, weil anschließend vielleicht die ganze Bude ausgeräumt wäre.« Damals in unserem Haus aber, erklärt er mir, war das mit dem Schlüssel ganz normal, man konnte sich aufeinander verlassen, man hat einander vertraut. Nur beim Polizisten, der gleich neben ihnen wohnte, da waren alle immer etwas vorsichtig.

Und dann nickt René beiläufig in Richtung des Hauses: »Die Mischung war eine andere als heute. Jetzt wohnen hier ja nur Menschen mit Geld. Damals gab es hier Leute mit ganz normalen Berufen, Kindergärtnerin, Schlosser, Friseuse oder Näherin, wie meine Mutter.«

Jugendweihe von René Bluhm (r.) 1982, Familienfoto vor der Haustür

Er selbst wollte als Jugendlicher unbedingt Elektriker werden. »Damals wollten das ja fast alle Jungs im Osten. Ich bekam keine Elektriker-Lehrstelle ab, sondern lernte Fachverkäufer für Radio- und Fernsehgeräte.« Nach der Lehre arbeitete er als Verkäufer bei RFT am Alexanderplatz, die drei Buchstaben standen für Rundfunk- und Fernmeldetechnik als DDR-Handelskette für Fernseher und Radiogeräte.

»Es war schon verrückt. An manchen Tagen haben wir uns hinterm Ladentisch stundenlang gelangweilt, weil keine Kundschaft kam. Wenn es allerdings mal wieder Farbfernseher gab, stand schon morgens um sieben eine Schlange von einhundert Leuten, obwohl wir vielleicht nur zwanzig Fernseher zu verkaufen hatten. Die großen Modelle haben ja über 6.000 Mark gekostet, also mehr als ein halbes Jahresgehalt. Aber die Leute hatten eben eine Menge Geld, es gab ja nicht so viel, wofür sie es ausgeben konnten.«

Mit ihren Farbfernsehern, erinnert sich René Bluhm, hatten sie in der Mangelwirtschaft einen Trumpf in der Hand. Gegenüber an der Ecke Memhardstraße gab es einen Klamottenladen. Wenn die Mädels dort gerade mal wieder Jeans im Angebot hatten, reservierten sie für die Verkäufer bei RFT immer mal ein paar Hosen. Im Gegenzug stellten die schon mal einen Fernseher zurück.

»Jedenfalls«, erzählt er, »stand eines Tages Frank Pastor im Laden.« Pastor war in den 80er-Jahren einer der besten Fußballer in der DDR, Stürmer beim BFC Dynamo. »Und jetzt wollte er einen Farbfernseher kaufen. ›Zufällig‹ hatten wir noch ein Gerät am Lager, Pastor war zufrieden, schenkte uns Verkäufern zum Dank Karten für das nächste Heimspiel.« Man kam sich näher. Als der Fußballer kurz darauf Vater wurde, rückten die Verkäufer mit Babystramplern, Windeln und Nuckelflasche in dessen kleiner Wohnung in der Leipziger Straße an, tranken auf den Nachwuchs, als es plötzlich klingelte. »Da stand Andreas Thom vor der Tür und uns allen sind die Kinnladen runter geklappt.« Thom war der Superstürmer des Landes, sozusagen der Mario Götze der DDR.

René wurde BFC-Fan, ist es noch immer, wie er sagt, seit über dreißig Jahren.

Dynamo-Fan zu sein war doch nie ganz unproblematisch?! Zu DDR-Zeiten war der Fußballclub im Land verhasst als Stasi-Verein, nach 1990 gaben in der Fankurve eine Zeit lang Hooligans und Rechtsextreme den Ton an. Partien des Vereins galten in Sicherheitskreisen über Jahre als hoch riskant.

René Bluhm winkt ab. Mit Stasi oder Hooligans hat er nie etwas am Hut gehabt, sagt er, und von Schlägereien hat er sich ohnehin immer fern gehalten. Inzwischen geht er nur noch selten zu den Spielen. BFC-Fans sucht man heutzutage in Berlin-Mitte vergeblich. In keinem der parkenden Autos an der Torstraße sind weinrote Dynamo-Schals auf den Hutablagen oder BFC-Wimpel an den Rückspiegeln zu entdecken. Anderen Berliner Fußball-Vereinen geht es hier nicht besser, sie gelten als uncool, ganz besonders Hertha BSC. Während nicht weit von hier, im Wedding, an jedem dritten Balkon und im Schaufenster jeder zweiten Kneipe die blau-weiße Hertha-Fahne hängt, fiebern heutige Mitte-Bewohner dieser Gegend mit Werder Bremen, Borussia Dortmund oder dem Hamburger SV, also den Clubs ihrer Kindheit, ihrer Heimat.

Seinen Verkäuferjob wurde René schon kurz nach der Wende los, weil jetzt plötzlich überall Läden aufmachten, die sich nicht nur Fernsehgeschäft nannten, sondern tatsächlich welche im Angebot hatten. René Bluhm sattelte um auf Fliesenleger und hat heute gut zu tun, wie er sagt. Seine Freundin arbeitet als Kindergärtnerin in Steglitz, sie verreisen gern, am liebsten nach Griechenland oder in die Türkei. Seit vielen Jahren wohnen die Beiden in Friedrichshain.

René Bluhm schaut noch einmal hoch zu den Fenstern in der zweiten Etage. »Es war am Ende definitiv zu teuer für meine Mutter und unsere Oma. Fünf Jahre nach der Wende waren es fast 1.000 D-Mark, wenn ich mich richtig erinnere. So war das auch bei den anderen, Mitte der 90er sind viele ausgezogen, weil die Miete so heftig gestiegen ist. Ohne die Wende würden einige von denen sicher heute noch hier wohnen.«

Günther Ihde (*1930)

1961–1994, Vorderhaus
3. Etage rechts

»Bei uns war es auch das Geld, wie bei den meisten, die in den 90ern hier wegzogen. Bis zur Wende haben wir 75 Mark Miete bezahlt für unsere Drei-Zimmer-Wohnung, 1993 waren es dann schon 650 D-Mark. Da haben meine Frau und ich beschlossen, dass wir uns für das Geld lieber ein Häuschen im Grünen bauen, außerdem waren unsere beiden Kinder inzwischen ausgezogen.«

Vor dem Treffen mit Günther Ihde war ich etwas aufgeregt. Ihn kannte ich noch aus meinen Kindheitsjahren in der Wilhelm-Pieck-Straße. Die Nachbarn nannten ihn ehrfurchtsvoll »Doktor Ihde« oder – wenn er nicht dabei war – den »Mackendoktor«. Er war der erste leibhaftige Doktor, den ich als Kind kennenlernte. Heute ist jeder Zweite hier in der Gegend Doktor für oder in irgendetwas. In den 1960er-Jahren war das im Viertel um den Rosenthaler Platz etwas absolut Exotisches und »Mackendoktor« klang obendrein irgendwie spannend-gruselig. Jeder im Haus wusste, dass Günther Ihde in Herzberge arbeitete, der großen Ostberliner Nervenklinik. Heimlich stellte ich mir vor, wie er dort im weißen Kittel gütig und beruhigend auf Verrückte und Verwirrte jeglicher Art einredete. Tatsächlich strahlt er bis heute etwas Warmherziges aus und rollt das »R« beim Sprechen. Für Letzteres habe ich inzwischen im Hausbuch die Erklärung gefunden, Günther Ihde stammt aus Rostock.

Nach einem halben Jahrhundert erfahre ich seine Geschichte. Er erzählt, wie er in den 50er-Jahren seine Frau kennenlernte. Brigitte, die strebsame Medizinstudentin und er, »der Hallodri«, wie er sagt. Sein Psychologie-Studium war eher eine Nebenbeschäftigung, viel lieber trieb er sich in Westberlin herum, berichtet er. Am Bahnhof Zoo ging er gerne ins Catcherzelt, beim SPD-Kongress in der Deutschlandhalle erlebte er Willy Brandt und auf dem Katholikentag einen eifernden Prediger, der behauptete, die Menschheit sei vom Teufel besessen. Der angehende Psychologe übte sich in praktischer Menschenkenntnis.

Brigitte wurde schwanger, über Beziehungen kamen sie an die Wohnung in der Wilhelm-Pieck-Straße und kurz vor Weihnachten 1961 kam Sohn Martin auf die Welt. Psychologische »Studienausflüge« nach Westberlin waren jetzt nicht mehr möglich, seit dem 13. August war die Grenze verriegelt. »Das war aber nicht so dramatisch«, meint Ihde. »Ich war einunddreißig, verheiratet und wir hatten ein Kind. Also hatte ich beschlossen, das hier ist meine Heimat.«

Dann erzählt er von Herzberge. Er arbeitete in der jugendpsychiatrischen Abteilung. Dort wurden ständig mehrere hundert Kinder und Jugendliche betreut. Es gab eine eigene Schule, von der ersten bis zur zwölften Klasse. Manche Patienten blieben einige Monate, andere wurden für kurze Zeit tagesstationär betreut. Die Gründe, warum Kinder nach Herzberge kamen, waren sehr unterschiedlich. Manche hatten psychische Schäden als Folge einer Hirnhautentzündung oder weil es Komplikationen bei der Geburt gegeben hatte.

Günther Ihde erzählt, dass es die größten Schwierigkeiten nicht mit den eigentlichen Patienten gab, sondern oft mit deren Eltern und den Lehrern an den Schulen, von denen die Kinder

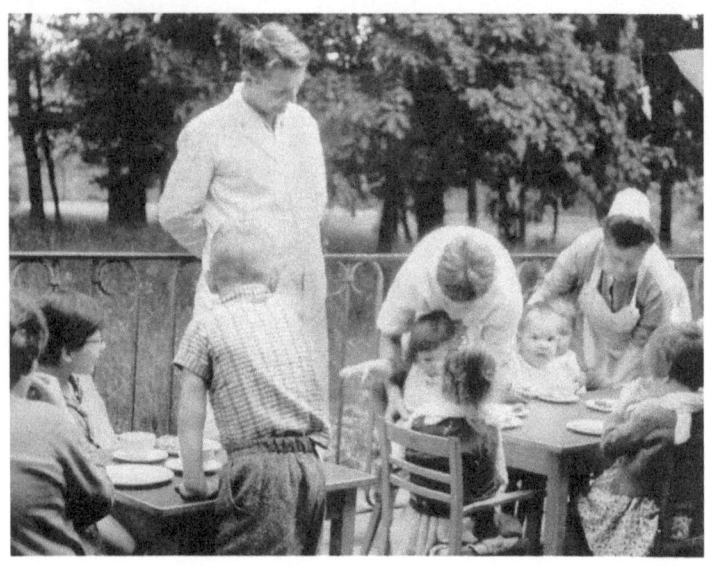

Günther Ihde in der jugendpsychiatrischen Abteilung in Berlin-Herzberge, Mitte der 60er-Jahre

kamen. Immer wieder mussten die Psychologen zum Beispiel erklären, dass Konzentrationsschwierigkeit bei Kindern nichts mit Boshaftigkeit zu tun hat. »Eigentlich hätte man oft die Eltern behandeln müssen, statt die Kinder«, sagt er und spricht von einem zehnjährigen Jungen, der seiner Lehrerin einen Blumenstrauß schenken wollte, es war der 12. Juni, der »Tag des Lehrers«. Schüler überraschten ihre Klassenlehrer an diesem Tag mit kleinen Aufmerksamkeiten.

Ich kann mich noch gut an das winzige Eau de Colgne-Fläschchen erinnern, das ich im Seifenladen in der Wilhelm-Pieck-Straße gekauft und Frau Gieleck geschenkt habe, meiner Lehrerin in der ersten und zweiten Klasse. Meine Mutter schien nicht so begeistert. Vielleicht war sie wegen des Parfüms ein bisschen eifersüchtig. Ich dagegen war stolz auf mein Geschenk und eine Mark – so viel kostete so ein Minifläschchen Köllnisch Wasser – war 1967 viel Geld für einen Siebenjährigen.

Der Junge in Günther Ihdes Erzählung wollte seiner Lehrerin Blumen schenken. Leider gab es die nicht immer zu kaufen. Vielleicht kam dem Schüler die Idee auch erst am Morgen des Lehrertags, und die Blumenläden hatten noch geschlossen. Jedenfalls wusste er sich zu helfen und buddelte frühmorgens heimlich alle Blumen aus dem Vorgarten des Mehrfamilienhauses aus und überraschte seine Lehrerin anschließend mit einem wundervollen Strauß.

»Na, der kriegte vielleicht Dampf«, erinnert sich Günther Ihde. »Erst hat die Hausgemeinschaft ihn abgekanzelt, dann die Schule und anschließend haben sie ihn zu uns in die Psychiatrie überwiesen. Dabei war das ein ganz normaler Junge«, regt sich mein Nachbar noch nach Jahrzehnten auf. »In dem Fall haben alle Erwachsenen falsch reagiert, die Schule, die Eltern, die Nachbarn. Wenn ein Kind seiner Lehrerin Blumen schenken möchte, dann ist das die größte Anerkennung, die man sich denken kann – und dafür wird der bestraft!«

Der Fünfundachtzigjährige redet sich in Rage. »Kinder wollen respektiert werden, Kinder wollen Liebe«, sagt er, und dass er niemals ein Kind angeschrien habe, weder in der Klinik noch zu Hause. Er spricht in seinem sanften Mecklenburgisch, in dieser typischen Joachim-Gauck-Tonlage, der stammt ja auch aus Rostock. Vielleicht komme ich deshalb auf eine etwas pastorale Frage.

Haben es Kinder heute besser? Und die Antwort lautet: Ja, grundsätzlich auf jeden Fall, es gibt nicht mehr die Vorgabe, sich um jeden Preis einordnen zu müssen ins Kollektiv. Aber, meint Ihde noch, er habe den Eindruck, dass der individuelle Druck auf Kinder heute oft sehr groß ist. Gerade in einer Gegend wie in Berlin-Mitte, wo Mittelstands-Eltern erheblichen Leistungsdruck auf ihre Kinder ausüben.

Zu Hause schlage ich noch einmal im Hausbuch nach, suche nach den Ihdes und stelle fest, dass der Mann, mit dem ich mich gerade unterhalten habe, gar keinen Doktor-Titel trägt. »Diplom-Psychologe« hat Günther Ihde vor über fünfzig Jahren in die Spalte »Tätigkeit« eingetragen, nicht mehr und nicht weniger. Den »Doktor« hatten ihm die Nachbarn offenbar aus Respekt oder Ehrfurcht angedichtet, so wie jeder Hausarzt für seine Patienten grundsätzlich »Herr Doktor« ist, selbst wenn das nicht auf dem Praxisschild zu lesen ist. Und auch für mich bleibt mein ehemaliger Nachbar »Doktor Ihde«, der sich immer mutig und mit mecklenburgischer Sturheit für die Interessen von Kindern einsetzte.

Irgendwie war ich richtig stolz auf mein Haus. Es gab jetzt also auch noch einen aufrechten Kinderpsychologen in unseren Reihen. Einen richtigen Helden hatten wir zwar nicht hervorgebracht in der Torstraße 94, mal abgesehen von der Agentin Ruth Penser, die aber vielleicht nicht jedem als Heroin galt. Viele meiner Nachbarn hatten sich tapfer und erfolgreich gegen Zumutungen des Lebens gewehrt. Catrin Przewozny, die den Boden unter den Füßen verlor, als sie von ihrer Adoption erfuhr, ist heute eine taffe Gewerkschafterin. Veronika Puder verlor in den Jahren, in denen sie in unserem Haus wohnte, zwei Männer. Sie ist daran nicht zerbrochen. Detlef Bohnke, der Parteisekretär, dem 1989 sein Job und seine Vision abhanden gekommen waren, war in ein völlig neues Leben gestartet und sich dabei trotzdem irgendwie treu geblieben. Ich war zufrieden mit dem, was ich über die Torstraße 94 und ihre ehemaligen Bewohner herausgefunden hatte.

Am Tag darauf fand ich ein Kuvert vom Berliner Landesarchiv im Briefkasten. Ich hatte um Unterlagen zu Alice Rönnekamp gebeten, einer Jüdin, die 1939 oben im Vorderhaus mit ihrem nichtjüdischen Mann gewohnt hatte. Auf der Mieterliste von 1945 war das Ehepaar nicht mehr aufgetaucht. Das Archiv hatte mir einen Stapel Kopien geschickt, kurz darauf saß ich im Wohnzimmer einer alten Dame.

1936–1941, Vorderhaus
4. Etage links

»Tante Alice hat dort in der Wohnung mit ihrem Mörder zu-
sammengewohnt. Dieser Mann war ihr Mörder.« Die Frau, die
das sagt, heißt Ruth, ist fast neunzig und die Nichte von Alice
Rönnekamp. »Dieser Dreckskerl«, wird Ruth noch deutlicher,
»hat meine Tante ins KZ gesteckt! Dabei hat die ihn abgöttisch
geliebt, ihn und seinen Sohn. Hier schauen Sie sich doch mal
das Bild an!« Ruth tippt auf ein Schwarzweiß-Foto. Auf einem
flachen Geländer in einer Parklandschaft sitzen eine Frau und
ein etwa dreijähriger Junge. Der Knabe, der sich wohlig anku-
schelt, trägt einen Matrosenanzug, die Frau ein dunkles Kostüm
und einen Hut. Alice Rönnekamp, die Frau auf dem Bild, ist
das, was man vollschlank nennt. Das Bemerkenswerteste aber
sind ihre Augen, die auch auf dem acht Jahrzehnte alten Foto
noch Wärme und Fröhlichkeit ausstrahlen. Das Foto ist aus dem
Frühjahr 1934.

Zu der Zeit war noch fast alles gut. Jeden Freitagabend traf
sich Alice mit ihrer Schwester und den drei Brüdern zum Schab-
bes bei den Eltern. Josef und Jenny Lindemann waren religiö-
se Menschen, zugleich aber tolerant. Dass ihre beiden Töchter
Nichtjuden heirateten, ging für die Lindemanns völlig in Ordnung und war Anfang der 30er-Jahre auch nichts Ungewöhnli-
ches mehr in Deutschland. Jeder Vierte mit jüdischer Herkunft
heiratete einen nichtjüdischen Partner. Alice lernte ihren zu-

Alice Rönnekamp mit Sohn Horst, 1934

künftigen Mann im Scheunenviertel in der Stammkneipe ihres Vaters kennen. Charles Rönnekamp arbeitete in dem Lokal in der Rückerstraße als Buffetier, also als Mann, der die Biere zapfte. Er sah blendend aus, blond und groß und er war obendrein charmant. Der gebürtige Kieler sprach im schleppenden Tonfall seiner norddeutschen Heimat. Alice verliebte sich in Charly, wie Rönnekamp von allen genannt wurde. Den Job in der Kneipe gab er schon bald, nachdem er Alice kennengelernt hatte, auf. 1927 wurde er Busfahrer bei der BVG, Angestellter, eine gute Partie sozusagen.

Ein Jahr später heirateten Charles und Alice. Aus Alice Lindemann wurde Alice Rönnekamp. Zunächst lebte das Paar in Charles kleiner Wohnung in der Mulackstraße. 1936 zogen sie in die Lothringer Straße 63, Vorderhaus, vierte Etage, zweieinhalb Zimmer, 45 Reichsmark Monatsmiete. Das war damals viel Geld, aber Rönnekamp verdiente bei der BVG 206 Reichsmark und Alice als Fabrikarbeiterin weitere 100 Mark.

Doch Rönnekamp hatte ständig Affären und seit 1931 einen nichtehelichen Sohn, Horst. Das Kind wuchs bei ihm und Alice auf. Warum, das kann auch Ruth nicht mit Bestimmtheit sagen. War die leibliche Mutter des Jungen gestorben oder überfordert mit dem Kind? Fest steht, 1934 adoptierte Alice den kleinen Horst und sie liebte und vergötterte ihn, das weiß ihre Nichte noch ganz genau. Sie war als Kind oft bei ihrer Tante in der Lothringer Straße und hat erlebt, wie sie den Kleinen liebkoste und mit ihm lachte.

»Hier schauen Sie sich mal das Foto aus Alices Wohnzimmer an.« Auf dem Bild erhebt Alice Rönnekamp streng den Zeigefinger ihrer rechten Hand, als halte sie dem kleinen Horst gerade eine Standpauke. Allerdings lacht sie bei dieser Szene, strahlt über das ganze Gesicht. Auch das Jugendamt bestätigte 1938: »Horst wird gut erzogen und betreut. Herr und Frau R. genießen im Haus einen guten Ruf.« Die Behörde hatte also die Nachbarn befragt und die verloren offenbar kein schlechtes Wort über die Jüdin aus dem vierten Stock.

Aber warum hat Ruth den Mann von Alice Rönnekamp als »Mörder« beschimpft? Durch die Ehe mit ihm, dem Nichtjuden, war sie doch vor der Judenverfolgung sicher?

»Ja, war sie!«, sagt Ruth bitter. »Irgendwann aber fing es an, dass Alice heulend zu uns angerannt kam, zu meinen Eltern, und gesagt hat: ›Er will sich von mir scheiden lassen.‹ Das mit der Scheidung hat er zunächst nur angedroht. Aber im Februar ’41 hat er sie rausgeschmissen aus der Wohnung. Und von dem Moment an wurden die Nervenzusammenbrüche immer schlimmer.«

Alice Rönnekamp kam bei einer alten Jüdin unter, die in einer Erdgeschosswohnung in der Linienstraße eine kleine Kammer vermietete. Alice musste jetzt als Zwangsarbeiterin bei der Firma Grass & Worff in Kreuzberg arbeiten. In der Fabrik in der Alten Jakobstraße wurden Lautsprecher produziert, die sogenannten Volksempfänger.

»Nach der Arbeit ist sie aber fast jeden Tag in die alte Wohnung gegangen«, erzählt Ruth. »Die hat für diesen Mann, der sie rausgeschmissen hat, geputzt und gekocht. Die hat den trotzdem furchtbar geliebt, obwohl der ihr so was angetan hat. Und natürlich wollte sie bei ihrem kleinen Horst sein.«

Am 18. Oktober 1941 deportierte die Gestapo über eintausend Berliner Juden nach Łódź. Es war der erste von über sechzig sogenannten Osttransporten. In dem Zug war auch Alices Bruder Max. Sechs Tage später, mit dem zweiten Transport, wurden die Eltern, Josef und Jenny Lindemann, sowie Alices jüngerer Bruder Armin verschleppt. »Eigentlich sollten nur die Eltern abgeholt werden«, erzählt Ruth, »aber Armin hat gesagt, ich lasse euch nicht allein auswandern. Ich gehe mit. Und so sind alle drei nach Litzmannstadt gekommen, nach Łódź.«

Anfang Mai 1942 wurden Josef und Jenny Lindemann sowie ihre Söhne Max und Armin in Kulmhof ermordet. In dem kleinen Ort, nordwestlich von Łódź hatten die Nazis ihr erstes Vernichtungslager errichtet. Die Opfer wurden in einen zur Todeskammer umgebauten Lastkraftwagen getrieben und erstickten an den Abgasen des Benzinmotors.

Während ihre Eltern und Brüder bereits verschleppt worden waren, hoffte Alice noch auf die Hilfe der evangelischen Kirche. 1938 war sie aus dem Judentum ausgetreten und hatte sich taufen lassen. Mit dieser Hoffnung glaubten viele Juden, der schlimmsten Verfolgung entgehen zu können, erklärt mir Gerlind Lachenicht vom Berliner Landeskirchenarchiv. Allerdings weigerten sich Ende der 30er-Jahre bereits viele Kirchengemeinden, Juden zu taufen. Zu den wenigen Ausnahmen gehörte die evangelische Segensgemeinde in Prenzlauer Berg, die auch nach 1933 noch über 700 Juden den Wechsel zur evangelischen Kirche ermöglichte.

Alice Rönnekamp wurde am 9. Oktober 1938 von Pfarrer Knieschke getauft. Als Paten waren Ernst Zech aus der Schönhauser Allee 57 und Charles Rönnekamp zugegen. Ort war die Messiaskapelle in der Kastanienallee 22. In der kleinen Kapelle, etwas versteckt auf dem Hof des Grundstücks, ist heute ein High-Tech-Unternehmen zu Hause. Getauft wird dort schon lange nicht mehr. Der geschwungene Schriftzug »Messiaskapelle« über dem Hauseingang ist allerdings noch gut sichtbar. Alice hoffte, die Kirche könne ihr ein Visum beschaffen. Daran meint ihre Nichte Ruth sich erinnern zu können. Im Herbst 1941 allerdings hatte das Reichssicherheitshauptamt ein generelles Ausreiseverbot für Juden verfügt. Die über 200.000, die noch in Deutschland lebten, saßen nun in einer tödlichen Falle.

»Und genau in dieser Situation hat der Kerl sich scheiden lassen von Tante Alice! Im Dezember 1941. Stellen Sie sich das mal vor!« »Ich kann mir das nicht vorstellen«, sage ich. »Warum hat Rönnekamp das getan?«

»Weil er bedroht wurde«, gibt Ruth lakonisch zur Antwort. »Die Leute wurden heftig unter Druck gesetzt, man hat sie gedrängt, sich von ihren jüdischen Frauen oder Männern zu trennen.« Ihr eigener Vater, erzählt Ruth, der auch Christ war, musste deshalb ein paarmal zur Gestapo. Aber er hat denen gesagt, dass er sich niemals von seiner Frau trennen wird, niemals.

Wer hatte Druck auf Charles Rönnekamp ausgeübt, die Gestapo, vielleicht seine Firma, die BVG? Leider, schrieb mir auf meine Anfrage die BVG-Pressesprecherin, sind die Unterlagen aus jener Zeit nicht mehr erhalten. Man könne nur noch mit Sicherheit sagen, dass Rönnekamp von 1927 bis 1961 bei den Verkehrsbetrieben beschäftigt war, zunächst als Kraftfahrer und seit Mitte der 30er-Jahre, wohl infolge eines Unfalls, dann als Pförtner.

Die Wochen nach der Scheidung müssen für ihre Tante ein Albtraum gewesen sein, meint Ruth. Die Eltern und zwei der drei Brüder deportiert. Offiziell hieß es »ausgewandert«, aber man hatte so eine Ahnung, was das hieß.

Nun drohte Alice dasselbe Schicksal, das war ihr völlig klar, und sie versuchte sich das Leben zu nehmen. Die Dosis Gift, die sie dafür wählte, war aber wohl zu gering. Ruth hat das Bild noch vor Augen, wie Alice zu ihnen in die Wohnung in der Gormannstraße kam, sich auf dem Flur erbrach und vor Schmerzen auf dem Wohnzimmerboden krümmte. Trotzdem ging sie weiter fast jeden Tag zu dem Mann, der jetzt ihr Ex-Mann war, putzte und kochte für ihn und für den kleinen Horst. Bis zum 13. März 1942, dem Tag, an dem Rönnekamp die Gestapo anrief. Sie sollten ihm die Jüdin vom Hals schaffen. Die nerve ihn nur noch. So hatte er es Tage später seiner Schwägerin berichtet – Ruths Mutter. Alice habe ihn einfach nicht in Ruhe gelassen, die sei selber schuld, rechtfertigte sich Rönnekamp.

Das Judenreferat der Staatspolizeileitstelle in der Burgstraße am Hackeschen Markt war nicht weit entfernt. Zu Fuß waren die Gestapo-Leute in zehn Minuten in der Lothringer Straße. Wahrscheinlich aber kamen sie, wie immer in solchen Fällen, mit dem Auto.

Hatte Alice sich gewehrt, als die Gestapo-Leute sie die Treppe hinunterführten, hat sie geweint, hat sie um Hilfe gerufen? Was haben die Nachbarn mitbekommen? In der Wohnung nebenan lebten die Fleischers. War Frieda Fleischer mit dem kleinen Manfred, der gerade erst ein Jahr alt war, zu Hause? Hatte sie vielleicht Angst, dass die Gestapo auch sie, die »Halbjüdin«, gleich mitnehmen würde? War das der Tag, an dem Frieda Fleischer beschloss, bei den Verwandten in Schöneiche unterzutauchen? Was hatte die Hauswirtin mitbekommen oder der Konditor unten im Haus? Haben die Nachbarn am gleichen Abend oder in den nächsten Tagen miteinander darüber gesprochen und was haben sie gesagt? Fanden sie es abstoßend, was Rönnekamp getan hatte, zuckten sie nur mit den Schultern und wie wurde nach dem Krieg darüber in unserem Haus gesprochen? Fragen über Fragen.

Keiner der ehemaligen Bewohner, die ich bisher getroffen habe, hatte jemals von Alice Rönnekamp gehört, auch nicht Hannelore Morgenstern oder Ruth Radelow, die mir die Hausbücher und das Mieterverzeichnis von 1945 geschenkt hatten.

Alice Rönnekamp wurde vermutlich aus unserem Haus direkt in das Sammellager in der Levetzowstraße verschleppt. Mit dem Datum vom 13. März 1942 unterzeichnete sie dort, gleich nach dem Eintreffen, eine Erklärung, in der es heißt: »Mir ist eröffnet worden, dass mein gesamtes Vermögen und das meiner Familienangehörigen als beschlagnahmt gilt.« Anschließend musste sie die sechzehnseitige Vermögenserklärung ausfüllen. Schließlich sollten die Juden nicht nur in den Tod geschickt, sondern auch bis auf den letzten Pfennig ausgeplündert werden. Alice strich all die Fragen nach Tafelsilber, Bargeldbestand, Antiquitäten und Wertpapieren durch. Unter »Verschiedenes« vermerkte sie am Ende der Vermögenserklärung: »Ich habe noch nie Vermögen und Wertsachen besessen, da ich vom 14. Lebensjahr immer Fabrikarbeiterin war und nie mehr verdient habe als wöchentlich 17–18 Mark mit Abzug.«

Vermögenserklärung

Vornamen (Rufname unterstreichen) und Zuname (bei Ehefrauen auch Mädchenname): _Alice_

Sara Rönnekamp geb. Lindemann

Beruf: _Arbeiterin_ Jüde? _ja_

Letzte Beschäftigung (Firma, Gehalt, Lohn): _Gross – Werft alte Jacobstr._

Maschinenarbeit 124 M. verdienst ausgezahlt 21.

Wohnung (Stadt, Stadtteil, Straße und Hausnummer, seit wann? _Siemensstr 2 E 2 Blu._

15. Februar 1941 gürogs. pt. P. R. 10

Name, Anschrift und evtl. jüdische Rassezugehörigkeit des Hauseigentümers: _Frau Hedwig_

Sara Spiller Jüd. Wohnungsinhaberin

Hauseigentümer Otto Alb. ..... Blu. A.R. 85

Ortlich 39

Größe der Wohnung (Zimmerzahl und -art, WC, Warmwasser, Dampf- oder Warmwasserheizung, Balkon.

Verschiedenes: _Ich habe noch nie Vermögen und_
Wertsachen besessen da ich vom 14. Lebensjahr
immer Fabrikarbeiterin war, und nie
mehr verdient habe wie monatl. 17 – 18 M.
mit Abzug.

Aus der Vermögenserklärung von Alice Rönnekamp, März 1942

Ich frage Ruth noch einmal, ob ihr Onkel tatsächlich persönlich die Gestapo ins Haus geholt habe, um seine Frau abholen zu lassen.

»Ja, er hat es meiner Mutter, also Alice Schwester, selbst erzählt. Und er hat auch dazu gesagt, dass sie demnächst ins Lager nach Lublin gebracht werde. Das hatte ihm die Gestapo versichert.« Und genau so hat es Alices Schwester Ernestine kurz nach Kriegsende, im August 1945, beim Amtsgericht Berlin-Mitte zu Protokoll gegeben: »Meine Schwester war Jüdin, mein Schwager Arier. Nach der Scheidung hat mein Schwager seine Frau in ein Lager in Lublin schaffen lassen.«

Die Aussage von Alices Schwester und die Erinnerungen von Ruth – sie werden unterstützt durch das Datum der Festnahme. Denn für gewöhnlich wurden Juden erst wenige Tage vor den Deportationen verhaftet und der nächste Transport war für den 28. März vorgesehen. Die Festnahme am 13. war also offensichtlich nicht geplant. Zielort war tatsächlich, wie Rönnekamp erzählt hatte, die Region um Lublin in Ostpolen. Am 28. März 1942 verließ der Güterzug mit 985 Menschen vom Bahnhof Grunewald aus Berlin. Drei Tage war er unterwegs. Endstation war Trawniki, ein kleiner Ort in der Nähe von Lublin. Von dort aus ging es zu Fuß, unter den Peitschenhieben der deutschen und ukrainischen Wächter, zehn Kilometer weiter bis ins Städtchen Piaski. Hier verliert sich die Spur von Alice Rönnekamp.

Ruth hält fünf Sterbeurkunden in ihren Händen »Oma, Opa, Onkel Max, Onkel Armin, Onkel Kurt. Zu allen haben wir nach dem Krieg eine Sterbeurkunde bekommen. Von allen weiß man, wann und wo sie vergast wurden. Nur von Tante Alice gibt es nichts.«

Im Mieterverzeichnis von 1945 taucht der Name Rönnekamp in der Lothringer Straße 63 nicht mehr auf. Vermutlich schon kurz nachdem er seine Frau in den Tod geschickt hatte, war Charles Rönnekamp ausgezogen. Wollte er seine Spuren verwischen, hatte er ein schlechtes Gewissen oder war es nur wegen einer neuen Frau? Schon wenige Wochen, nachdem Alice deportiert worden war, heiratete Rönnekamp erneut, 1944 sogar noch ein weiteres Mal.

Horst, sein nicht ehelicher Sohn, den Alice so geliebt hatte, kam vermutlich in ein Kinderheim, lebte ab 1945 jedenfalls in einem Jugendwohnheim im Wedding. Er und Charles Rönnekamp haben den Krieg überlebt, beide wohnten bis zu ihrem Tod in Westberlin. Horst starb 1976 im Krankenwagen auf dem Weg von der eigenen Wohnung zum Virchow-Klinikum. Laut seiner Sterbeurkunde arbeitete er als Kellner und lebte zuletzt in der Prinz-Eugen-Straße im Wedding. Vielleicht kann sich dort jemand an ihn erinnern. Hatte er einem Nachbarn von seiner Adoptivmutter erzählt? Das Haus in der Prinz-Eugen-Straße wird gerade saniert, die Fassaden sind bereits schneeweiß verputzt, an der Haustür wird eine Gegensprechanlage mit Kamera installiert, im Treppenhaus Kokosläufer verlegt. »Da kommen sie zu spät«, winkt Terezia Waida ab. »Hier wohnt keiner mehr von den alten Mietern, ist jetzt zu teuer für die meisten.« Die Einzige von den Ehemaligen ist sie selbst. Anfang der 1970er zog sie hier ein, damals kam sie aus Jugoslawien. An einen Kellner, einen Horst, kann sie sich nicht erinnern.

Anschließend versuche ich es mit Charles Rönnekamp. Ruth hatte mir erzählt, dass der »Mörder ihrer Tante« nach dem Krieg spurlos verschwunden war. In einem alten Westberliner Telefonbuch von 1957 habe ich ihn entdeckt. Rönnekamp wohnte in der Arosa Allee in Reinickendorf. Auch spätere Telefonbücher führten ihn unter dieser Adresse. Als ich im Frühjahr 2015 vor seiner Haustür stehe, ist es siebenundzwanzig Jahre zu spät. Charles Rönnekamp starb 1988, er wurde fast dreiundneunzig Jahre alt.

Was wäre wohl passiert, wenn ich in den 80er-Jahren vor seiner Wohnungstür gestanden hätte? Natürlich war das völlig unmöglich, Reinickendorf war in den 80er-Jahren für mich als Ostberliner weiter entfernt als der Mond. Vor mir und meinen Fragen war Rönnekamp sicher auf seiner Seite der Mauer. Doch was hätte ich ihn fragen wollen, wenn ich ihn noch hätte sprechen können? Ich steigere mich in Gewaltfantasien und frage Ruth, die fast neunzigjährige Nichte von Alice Rönnekamp, was sie gesagt oder getan hätte.

»Nüscht, das hätte sowie keinen Zweck gehabt«, sagt sie. »Der hätte alles abgestritten.«

Was hält sie von der Idee, für ihre Tante einen Stolperstein vor der Torstraße 94 zu verlegen?

»Schadet nichts, auch wenn die Toten davon nicht wieder lebendig werden«, meint sie.

Nachdem ich die Lebensgeschichte von Alice Rönnekamp erfahren habe, verabschiede ich mich von dem Gedanken, unser Haus sei besonders tapfer gewesen, hätte die Menschen beschützt. Es war einfach ein ganz normales Haus, in dem keine Weltgeschichte geschrieben wurde, sondern Menschen lebten und leben, die mit ihr zurechtkommen müssen.

Wer denn in den letzten Jahren so in das Haus von Tante Alice gezogen ist?, will Ruth zum Schluss noch wissen. Es heiße doch, dass die Gegend jetzt so schick geworden sei. Ich gestehe, dass ich bisher keinen der Bewohner gesprochen habe, die in den letzten zwei Jahrzehnten eingezogen sind. Das aber, verspreche ich ihr, würde ich nun nachholen.

Praktischerweise hinterlassen Menschen, die in Berlin-Mitte wohnen, oft breite Spuren im Internet, weil jeder hier irgendetwas ganz Wichtiges im Leben macht. Nach einer halben Stunde weiß ich, dass in der Torstraße 94 zwei Professoren wohnen, Journalisten, Architekten und Neurologen. Die typische Mitte-Prenzlauer Berg-Mischung eben.

Dort, wo bis 1970 die Ulrichs lebten, wohnen heute der Architekturprofessor Jan Krause und seine Frau, eine Architektin, mit ihren beiden Kindern. Jan sagt am Telefon sofort zu, ist bereit sich mit mir zu treffen. Ob ihre Lebensgeschichte allerdings auch nur halb so spannend ist, wie die der früheren Bewohner? Er hat da seine Zweifel. Für unser Treffen schlägt Jan ein Café um die Ecke vor. Schade. Ich hatte ein bisschen gehofft, unsere Wohnung nach fünfundvierzig Jahren wiederzusehen. Vielleicht wäre das Ganze aber auch eine einzige Enttäuschung geworden, alles viel kleiner und überhaupt ganz anders als in meiner Erinnerung. Außerdem hatten Jan und Astrid sicher keine Lust auf Erzählungen nach der Art: Wir hatten die Räume damals aber anders aufgeteilt, oder: hier stand der Sessel, in dem Oma gestorben ist.

Es gibt viele gute Gründe, weshalb man Vor-Vor-Vormieter fernhält von den eigenen vier Wänden. Also treffen wir uns in diesem kleinen Café um die Ecke. Jan entpuppt sich als offener, freundlicher Typ. Der schlaksige Mittvierziger trägt eine schwarze Hose, einen schwarzen Rollkragenpullover und eine schwarze Brille.

Ich erzähle ihm in Kurzform einige Lebensgeschichten aus unserem gemeinsamen Haus. Ob denn meine Frau, so wie ich, ebenfalls berufstätig ist, möchte Jan wissen. Eine Frage, die mich verblüfft, weil es für mich eigentlich selbstverständlich ist, dass Frauen berufstätig sind. In den Hausbüchern der Wilhelm-Pieck-Straße 94 hatte seit den 70er-Jahren keine Bewohnerin mehr »Hausfrau« als Beruf eingetragen. Jan ist in Hamburg aufgewachsen, seine Frau stammt aus dem Rheinland. Berufstätige Frauen waren dort in den 70er- und 80er-Jahren noch längst nicht selbstverständlich. Die Schulen waren meist nur Halbtagsschulen, die die Kinder mittags nach Hause zur Mutter entließen, die bereits Essen gekocht hatte. Die Frage »Was macht Ihre Frau beruflich?« gilt dort auch heute manchem noch als ziemlich unhöflich, es könnte ja sein, dass die Gattin des Angesprochenen Hausfrau ist. Vor diesem Hintergrund verstehe ich Jans Frage. Wir kommen eben aus unterschiedlichen Welten – aber seine Begeisterung für »unsere« Wohnung verstehe ich sofort.

Jan Krause (*1969)

Seit 1999, Vorderhaus
1. Etage rechts

»Genauso hatten wir uns unsere Wohnung gewünscht, damals 1999. Wir wollten Holzfußboden und Kastenfenster. Weil Laminat in der eigenen Wohnung für Architekten überhaupt nicht geht und Kunststofffenster genauso wenig. Die Wohnung war richtig gut renoviert, weiß gestrichen, klassisch. Es gab teilweise noch die einhundert Jahre alten Messingtürklinken und an allen Zimmerdecken war Stuck. In den meisten Häusern war der ja zu DDR-Zeiten abgeschlagen worden. Stuck passte ja nicht in die Ideologie. Das war bürgerlich, der musste weg.« Jan ist der Fachmann, er wird es wissen. Ich habe zwar von stalinistischer Anti-Stuck-Politik noch nie gehört, erinnere mich allerdings daran, wie mein Vater fluchte, wenn er beim Malern des Stucks mit dem Pinsel ewig brauchte fürs Abwaschen der alten Farbe und anschließend für den Neuanstrich. In diesen Momenten hätte mein Vater die Gipsschnörkel wohl am liebsten mit dem Hammer von der Decke geschlagen. Stilistisch passte der Stuck ohnehin nicht recht zur sachlichen 60er-Jahre-Einrichtung im Wohnzimmer und zu den Leitermöbeln in den Kinderzimmern.

Ich frage Jan nach den Nachbarn im Haus. Nach sechzehn Jahren, sagt er, kennen sie eigentlich nur zwei andere Familie etwas besser. Für alle anderen gilt, man grüßt sich respektvoll, weiß aber nicht ganz genau, wer wirklich hier wohnt und wer nicht. Wegen dieser Anonymität sind sie schließlich 1999 auch nach Berlin gezogen. Vorher, in Stuttgart, herrschte eine sehr starke soziale Kontrolle. »Das lief da über das System der Kehrwoche. Es gab die Kleine Hauswoche, wo du als Mieter das Treppenhaus wischen musstest, oder die Große Hauswoche, wenn sogar die Mülltonnen von innen zu putzen waren.«

Für sie als Architekten war jedenfalls 1999 klar, dass sie in Berlin nur in Mitte oder Prenzlauer Berg wohnen konnten. Hier war damals alles noch unfertig. Es gab in jedem zweiten Haus illegale Bars und jede Menge Leute wie sie, Pioniere. Wobei das Neue noch auf das Alte traf. Unten im Haus war noch der Bäcker, der diese DDR-Brötchen verkauft hat, die so nach Pappe schmeckten. Manchmal traf man noch Leute mit alten Stadtplänen, die nach der »Wilhelm-Pieck-Straße« fragten.

Freunde, die schon länger in Berlin wohnten, hatten ja gewarnt. Ihr werdet hier nach wenigen Wochen schon richtige »Kiezpuper« sein, also Leute, die das eigene Viertel kaum noch verlassen. »Sie hatten recht«, lacht Jan. »Wir haben hier rund um unser Haus fünf Spielplätze, es gibt Sportvereine, Turnhallen, Musikschulen, Supermärkte, kleine Lebensmittelläden. Wir bewegen uns fast nur noch im Viertel. Hier leben auch viele unserer Freunde, auch alles Neu-Berliner wie wir.«

Ur-Berliner haben sie überhaupt nicht in ihrem Freundeskreis, sagt Jan und schaut mich dabei freundlich-einladend an. Ich sehe mich schon als Überraschungsgast auf seiner nächsten Party. Es wäre immerhin eine Möglichkeit, doch noch mal die Wohnung meiner Kindheit von innen zu sehen. Quatsch.

Irgendwie mag ich diesen Jan. Er ist klar strukturiert, hat zugleich etwas Verträumtes. Angenehmer Nach-Nach-Nachmieter, finde ich und beschließe etwas für sein gutes Gewissen zu tun. Kann ja sein, dass er sich manchmal fragt, wo eigentlich alle geblieben sind, die früher in dem Haus gewohnt haben. Also

Das Haus in der Torstraße, 2015

erzähle ich ihm, dass sich kaum einer der ehemaligen Bewohner als »Vertriebener« betrachtet.

Wie er seine Nachbarn in der Torstraße 94 und hier in Mitte drum herum beschreiben würde? Als Architekt versteht er schließlich auch etwas von Soziologie.

Die Leute hier, glaubt Jan, sind vor allem bereit zu wechseln, denn hier in der Gegend ändert sich ja noch immer alles ständig. Wo gestern noch ein Jeans-Geschäft war, ist heute schon eine Galerie oder umgekehrt. Hier sind die Nachbarn neugierig auf solche Veränderungen, die stören sich auch nicht an den vielen Touristen. Übrigens schicken alle hier ihre Kinder selbstverständlich in die Kita, und zwar spätestens, wenn sie ein Jahr alt sind. Die Verwandtschaft in Westdeutschland ist da manchmal etwas irritiert.

»Wir sind hier eben schon ein Stück weiter«, lacht Jan. Und deshalb werden seine Kinder vermutlich nicht mehr fragen »Arbeitet ihre Frau?«.

Vielleicht kommen sie auch eines Tages zufällig hier vorbei – am Haus ihrer Kindheit. Später, in einigen Jahrzehnten.

Unser Haus 2023

Fast zehn Jahre sind vergangen seit meiner Suche nach den »Nachbarn« aus der Torstraße 94. Seitdem ist einiges geschehen.

Im Straßenpflaster vor dem Haus erinnert seit 2018 ein Stolperstein an Alice Rönnekamp, die jüdische Nachbarin, die 1942 deportiert und ermordet wurde. Nachdem mir ihre Nichte ihre Erlaubnis erteilt hatte (»Schadet nichts, auch wenn die Toten davon nicht wieder lebendig werden.«), bat ich die Berliner Stolperstein-Initiative darum, eine Gedenkplakette für Alice Rönnekamp vor unserem Haus zu verlegen. An einem Dezembermorgen standen frühere und jetzige Bewohner der Torstraße 94 dabei, als der Künstler Gunter Demnig eine Messingplakette mit den Lebensdaten von Alice Rönnekamp in das Gehwegpflaster einfügte. Demnig hat seit 1996 mehr als 75.000 dieser Stolpersteine angefertigt und verlegt. Zeichen, die an Menschen erinnern, die der NS-Diktatur zum Opfer fielen. Wir kamen dann anschließend noch für einen Moment im Hausflur zusammen. Ich erzählte den Nachbarn, was ich bei meinen Nachforschungen herausgefunden hatte. Neben mir stand die Enkelin der damaligen Hausbesitzer, die im Juni 1942 geboren wurde, also drei Monate nach Alice Rönnekamps Tod. Diese Geschichte sei so furchtbar und sie habe erst durch mich von Alice Rönnekamp erfahren und auch von den Fleischers, der jüdischen Familie aus dem Haus, die überlebt hat. Frieda Fleischer, die nach

Stolperstein vor dem Haus in der Torstraße

dem Krieg mit ihrem Sohn nach Israel auswanderte und deren Nachfahren ja wohl mal zu Besuch nach Berlin kommen wollten. Die seien herzlich eingeladen, meinte die Enkelin, die seit den neunziger Jahren selbst im Haus wohnte, in der Zwischenzeit allerdings verstorben ist und deshalb auch Giora nicht mehr treffen konnte.

Giora ist er zweite Sohn von Frieda Fleischer. Manfred, der ältere Sohn, geboren 1940, war als Achtjähriger mit seiner Mutter nach Israel gegangen. Dort hatte Frieda Fleischer noch einmal geheiratet und 1953 Giora zur Welt gebracht, mit dem ich 2022 durch das einstige Wohnviertel seiner Mutter spaziert bin. Giora lebt seit vielen Jahren in Florida, für eine große internationale Kreuzfahrt-Reederei hat er gearbeitet und betreibt

Gedenken an die einstige Nachbarin Alice Rönnekamp (ganz links, neben dem Autor, die Enkelin der damaligen Hausbesitzer), 2018

inzwischen intensive Ahnenforschung, wie er sagt. Er sah zum ersten Mal das Haus, in dem seine Mutter in den dreißiger und vierziger Jahren gelebt hat, damals, als die Anschrift noch Lothringer Straße 63 lautete. »Sie hat nie etwas erzählt von dieser Adresse«, war sich Giora sicher, als wir gemeinsam vor der Haustür standen. Wie Friedas Nichte Sylvia glaubt auch Giora, dass seine Mutter vieles aus den Jahren der Judenverfolgung in Deutschland verdrängt hat, eben auch die damaligen Orte. Giora wird weiter zur Familiengeschichte forschen.

Friedas Enkelkinder, die Kinder von Manfred, Shei und Miri mussten ihre geplanten Reisen nach Berlin wegen der Corona-Pandemie verschieben. Stattdessen habe ich sie inzwischen in Israel getroffen. In Tel Avivs romantischem, arabischem Stadtteil

Frieda Fleischers Sohn Giora (l.) mit dem Autor vor dem Haus, in dem einst seine Mutter lebte, 2022

Jaffa hatten wir einen wunderbaren Abend. Unterhalten haben wir uns an dem Abend auf Englisch. Wobei vor allem Shei immer wieder deutsche Zitate seiner Oma einstreute. Frieda Fleischer hatte ihre Enkelkinder gerne mit deutschen Kinderliedern und Spruchweisheiten beglückt. Deutsche Sätze, wie »Ohne Fleiß, kein Preis«, haben sich Shei Fleischer bis heute fest eingeprägt.

Beschäftigt hat mich später auch noch die Geschichte des Bankräubers Walter Pannewitz, der 1951 mit seinen Kumpanen beim Einbruch in die Eisenbahnkasse Unter den Linden 1,7 Millionen DDR-Mark und 225.000 D-Mark erbeutete. In einer Fernsehdokumentation für den rbb war ich unterwegs »Auf den Spuren von Einbrecherkönig Walter Pannewitz«. Bei den Recherchen stieß ich auch auf den entscheidenden Gegenspieler von

*Polizeirat Bruno Stubert, der
Ostberliner Humphrey Bogart,
1950er Jahre*

Pannewitz. Polizeirat Bruno Stubert leitete seinerzeit die Sonderkommission zur Aufklärung des Einbruchs. Stubert, der aussah wie ein Ostberliner Double von Humphrey Bogart, war Jahrgang 1913, am Alex aufgewachsen und gelernter Schriftsetzer. Er war im Widerstand gegen die Nazis, wofür er auch im Zuchthaus gesessen hatte. Sein Sohn beschreibt ihn im Film als Teamplayer, der wie geschaffen dafür war, eine große Sonderkommission zu leiten. Stubert war einer, der sich auch selbst immer wieder den Hut tief ins Gesicht zog, den Mantelkragen hochschlug und dort auftauchte, wo sich das kriminelle Milieu traf. Bei einem dieser Streifzüge bekam Stubert dann auch den entscheidenden Hinweis auf Wilhelm Kremmin, der in einer Kneipe am Rosenthaler Platz mit Geld nur so um sich warf. Kurz darauf schnappten Stuberts Leute Kremmin, als der sich gerade Geld aus dem Versteck auf dem Sophienfriedhof holen wollte.

Stubert löste nicht nur den Fall mit der Eisenbahnkasse, er war auch in seinem eigentlichen Job sehr erfolgreich, als Chef der Mordkommission bei der Ostberliner Polizei. Ende der vierziger und Anfang der fünfziger Jahre gelangen ihm reihenweise spektakuläre Ermittlungserfolge, unter anderem bei der Jagd nach dem Frauenmörder Willi Kimmnitz. Dieser Kriminalfall war in den siebziger Jahren sogar die Vorlage für den DEFA-Kinofilm *Leichensache Zernik*. Polizeirat Stubert hieß im Film Stübner und wurde von Kurt Böwe gespielt, dem großartigen Charakterdarsteller, der so wunderbar den Typ des klugen, knorrigen und gewitzten Mannes spielen konnte.

Viele meiner Nachbarn hier im Buch erinnern sich begeistert an die Windbeutel, die es in der Konditorei im Haus gab. Manfred Halwas hatte mir sein Spezialrezept verraten, die Sache mit den leeren Konservendosen, die im Backofen über den Brandteig gestülpt wurden. Er verriet mir auch, dass er mit zweiundfünfzig Jahren zu arbeiten aufhörte, um sich, »nur noch den schönen Dingen im Leben zu widmen«. Der Konditor hatte in der Tat viel Geld verdient, sehr viel sogar. Klaus Meier, der Wissenschaftler, der mit Frau und Kindern einer der Nachmieter in unserer, der Ulrich'schen Wohnung war, erinnert sich gut an den Tag 1987, an dem er »eigentlich nur den Müll runterbringen wollte«, als Halwas ihn auf dem Hof plötzlich am Arm packte mit den Worten: »Ich brauche jemand zum Schnaps trinken. Ich habe meine erste Million verdient! Darauf müssen wir jetzt anstoßen!«. Es blieb nicht bei einem Schnaps. Meier kam später einigermaßen betrunken zurück nach oben in die Wohnung, woran sich seine Frau Stefanie wiederum noch bestens erinnern kann.

Konditor Halwas ist inzwischen verstorben, ebenso seine Frau. Auch unser Psychologe Dr. Ihde, der ja eigentlich gar kein Doktor war, lebt nicht mehr, ebenso der gutaussehende Peter Merten, unser Operettensänger. Kurz vor seinem Tod habe ich Merten noch im Seniorenheim im Saarland besucht. Obwohl von Krankheit und Alter schon ziemlich gezeichnet und fast neunzig Jahre alt, strahlte er etwas Fröhliches und Schelmisches aus und meinte zum Schluss noch mal, dass die Jahre bei uns in der Wilhelm-Pieck-Straße in jeder Beziehung die schönsten in seinem Leben waren.

Nici Brückner, die später mit ihrer Mutter nach Australien auswanderte, als Model und Modegestalterin erfolgreich war und auf einer Weltreise mit ihrem australischen Mann und den Kindern wieder in Berlin gelandet war, lebt noch immer in der Stadt, produziert Filme und hat endlich ihren Vater kennengelernt. Diouf – den Senegalesen, der Ende der sechziger Jahre in der DDR Geologie studiert hatte. Sie hat ihn in Dakkar besucht, der senegalesischen Hauptstadt. »Er ist cool, er ist super«, beschreibt sie ihren spät entdeckten Vater und schiebt nach, ihm keine Vorwürfe gemacht zu haben, dass sie ihn erst nach Jahrzehnten zum ersten Mal sieht. »Jetzt gibt es für mich einfach eine weitere Familie«, meint sie und das sei wunderbar. Sie hat im Senegal Geschwister, Onkel und Tanten, von denen eine sogar fast haargenau so aussieht, wie sie selbst. Ihre Erlebnisse und Erfahrungen bei der Suche nach ihrem Vater hat sie – schließlich ist sie vom Film – in einer Dokumentation verarbeitet. Niemanden aus unserem Haus hatte es im Leben so weit fortgezogen, wie Nici. Abgesehen von ihrer Mutter Susanne, die noch immer in Australien lebt und dort eine Blaubeerfarm bewirtschaftet.

Nici und ihr Vater

In den Norden, nach Schleswig-Holstein, verschlug es 1990 die zwölfjährige Catrin mit ihren Eltern. Dass sie als Baby adoptiert worden war, erfuhr sie erst, als sie dreißig war. Ihr Verhältnis zueinander, nachdem das damals alles rauskam, beschreibt sie als »okay, aber bis heute nicht sehr intensiv, um es mal so auszudrücken«. Ihr Leben ansonsten sei glücklich. Ihr Sohn ist inzwischen dreiundzwanzig und arbeitet als Autoschlosser bei ihnen im Dorf, oben an der dänischen Grenze. Und mit dem Vater ihres Sohns sei sie inzwischen auch verheiratet. Das sei noch mal etwas ganz Besonderes, sehr Schönes in ihrem Leben gewesen – heiraten.

Annette, die schon seit 1991 im Haus wohnte, wollte ja auf keinen Fall wegziehen, hatte sie mir gesagt. Nun hat sie sich doch verabschiedet von ihrer Zwei-Zimmer-Wohnung im Seitenflügel. Vier Treppen steigen und Kohlen schleppen, darauf hatte sie irgendwann keine Lust mehr. Weil es in Berlin nichts Bezahlbares gab, ist sie nach Sachsen gezogen. Sehr schön sei ihre Wohnung dort, mit Balkon, im Grünen, die Leute freundlich. Als »Vertriebene« aus Berlin-Mitte sieht sie sich nicht, stellt sie klar. Die Torstraße war ihr inzwischen einfach auch zu laut geworden, zu wild. Auch Detlef Bohnke, der Parteisekretär vom Palast der Republik, der bis zur Rente bei einem Sicherheitsunternehmen in Hessen arbeitete, hat ebenfalls keine Sehnsucht mehr nach dem alten Viertel. Bad Nauheim, wo seine Frau und er nun zu Hause sind, der Kurort nördlich von Frankfurt, sei ideal für ältere Leute, allein wegen der vielen Ärzte, die es dort gibt.

Vielleicht ist die Torstraße 94 einfach ein ganz normales Berliner Haus. Die Mieter kommen und gehen, auch in der Gegend drumherum ist das so. Den ehemaligen Stern-Chefredakteur Jörges trifft man schon lange nicht mehr hier im Supermarkt, auch Ben Becker und Wim Wenders sollen weggezogen sein, heißt es. Stattdessen sagen manche, Herbert Grönemeyer würde jetzt angeblich um die Ecke wohnen. Würde passen. Schließlich heißt einer der bekanntesten Grönemeyer-Songs *Bleibt alles anders.*

Das Haus – ein Post Scriptum

1890 –1951 Lothringer Straße 63, 1951–1994 Wilhelm-Pieck-Straße 94, seit 25. Juli 1994 Torstraße 94.

- Erbaut 1890 im Auftrag von Maurermeister Basch, dem ersten Eigentümer (wohnhaft in der Barnimstraße)
- Um 1910 kauft der Möbeltischler Richard Höffler das Haus, der hier Polstermöbel produziert und verkauft
- Im November 1959 übernimmt die Kommunale Wohnungsverwaltung Berlin-Mitte das Haus
- 1990 bis 1992 ist das Haus im Bestand der Wohnungsbaugesellschaft Mitte
- Anfang 1993 werden Grundstück und Gebäude an die Erben des im Grundbuch eingetragenen Eigentümers (des Möbeltischlers Höffler) auf Grundlage des Zweiten Vermögensrechtsänderungsgesetzes vom 14.7.1992 zurückübertragen
- Miete für die 140 m²-Wohnung im ersten Stock rechts (von November 1960 bis Oktober 1970 die Wohnung der Ulrichs):

1960 bis 1964	90 DM-Ost
1964 bis 1967	90 Mark der deutschen Notenbank
1967 bis 1990	90 Mark der DDR
1993	576 D-Mark (Kaltmiete)
2023	1.037 Euro (Mögliche Kaltmiete bei Neuvermietung laut Berliner Mietspiegel)

- Grundbuch von Berlin-Mitte Blatt 3157

Abbildungsnachweis

Abbildungen und Dokumente stammen aus dem Privatbesitz von: Bluhm (S. 123), Bohnke (S. 32), Brückner (S. 53, 156), Halwas (S. 84, 85), Ihde (S. 128), Meier (S. 106, 109, 113), Merten (S. 36), Penser (S. 100), Przewozny (S. 25), Puder (S. 43, 46), Puschert (S. 118), Radelow (S. 60), Ruhe (S. 67, 68, 71, 72).

Weitere Abbildungen: Archiv des Autors (S. 9, 15 77, 79, 133, 152, 153, 160), Klaus Bädicker (S. 12, 150, 151), Brandenburgisches Landeshauptarchiv (S. 139), Marijke Topp (S. 146, 148), Thomas Voßbeck, Illing & Vossbeck Fotografie Berlin (S. 93).

Dank

Ich danke allen Bewohnerinnen und Bewohnern der Torstraße 94, heutigen und ehemaligen, die mir aus ihrem Leben erzählt haben.

Der Autor

Andreas Ulrich, geboren 1960 in Berlin, studierte Journalistik an der Universität Leipzig, war Reporter, Redakteur und Moderator für den Berliner Rundfunk, Jugendradio DT 64, Radio Brandenburg und arbeitet seit einigen Jahren vor allem für das rbb-Fernsehen und radioeins. Ulrichs Themen sind Sport, Politik und Zeitgeschichte. 2005 porträtierte er 25 Menschen aus der einst durch die Mauer geteilten Swinemünder Straße in Berlin (»Zwei Kilometer Stadt«). 2006 veröffentlichte er »Der Palast der Republik – ein Rückblick«. Im BeBra Verlag erschienen von ihm »Die Kinder von der Fischerinsel« und die vorliegende erweiterte Ausgabe des Buchs »Torstraße 94«.

Andreas Ulrich lebt in Berlin-Mitte.